부모와 학부모 사이

부모와 학부모 사이

지은이 | 박재원 · 최은식

초판 1쇄 발행일 2013년 8월 2일
초판 2쇄 발행일 2014년 7월 30일

발행인 | 한상준
기획 | 임병희 · 박민지
편집 | 김민정
디자인 | 양시호 · 김경년
마케팅 | 박신용
종이 | 화인페이퍼
인쇄 · 제본 | 영신사

발행처 | 비아북(ViaBook Publisher)
출판등록 | 제313-2007-218호(2007년 11월 2일)
주소 | 서울시 마포구 연남동 567-40 2층
전화 | 02-334-6123 팩스 | 02-334-6126 전자우편 | crm@viabook.kr
홈페이지 | viabook.kr

ISBN 978-89-93642-51-3 03370

• 이 도서의 국립중앙도서관 출판시도서목록(CIP)은 e-CIP홈페이지(http://www.nl.go.kr/ecip)와 국가자료공동목록시스템(http://www.nl.go.kr/kolisnet)에서 이용하실 수 있습니다.
(CIP 제어번호 : CIP2013012277)

'행복과 성적' 두 마리 토끼를 잡는 감동과 기적의 부모학교

부모와 학부모 사이

박재원 · 최은식 지음

비아북
ViaBook Publisher

머리말

사교육 너머, 그곳에서 희망을 만나다

별빛의 탄생, 그리고 비극의 시작

세상을 만만하게 대하던 젊은 날의 패기가 꺾이고 반복되는 결혼 생활 속에 적응해가던 어느 날, 위로와도 같은 아이가 내 품속으로 찾아왔습니다. 그 아이가 태어나던 날에는 손가락이 열 개라는 사실만으로도 감격의 눈물을 흘렸고, 아이의 모든 것들은 나와 연결되어 있었지요. 그러나 아이가 조금씩 자라나자 거친 세상에서 잘 살아나갈 수 있을지 걱정이 되기 시작했고, 그 불안은 곧 교육에 대한 열망으로 이어졌습니다.

분명 아이를 사랑하기 때문에 시작된 여정인데, 나는 아이를 잘 키워보려고 헌신한 것밖에 없는데 내 품에만 안기면 울음을 뚝 그치던 우리 아이가 어느 날부터 나를 거부하기 시작합니다. "다 널 위해서 이러는 거야. 이 정도는 참고 견뎌야지. 들어가서 마저 공부해!" 부모의 헌신은 어느새 짜증 섞인 잔소리가 되었고 엄마, 아빠밖에 모르던 우리 아이는 게으른 공부 노동자로서 부모와 대립하기 시작합니다.

분명히 처음에는 부모 본연의 모습으로 감사하며 아이와의 관계를 시작했는데 어쩌다가 지금은 불안과 욕심으로 성적에만 집착하는 학부모 역할 안에 갇혀버렸을까요? 분명히 아이를 위한 길인데 이렇게 서로 못살게 구는 사이처럼 되어버린 건 도대체 누구의 잘못일까요? 나의 잘못일까요? 아니면 아이의 잘못일까요? 아니면 또 다른 이유가 있을까요?

공부 노동자와 감독관

지금 한국의 학부모들은 골머리를 앓고 있습니다. "어떻게 하면 우리 아이 성적을 1점이라도 더 올릴 수 있을까?" 사회에선 이미 낡아버린 학벌의식도 학부모에겐 여전히 건재하고, 무한 경쟁 속에서 엘리트 코스에 대한 집착은 도를 넘어섰습니다. 한 번 뒤처지면 끝장이라는 불안감에 사교육이 제공하는 정보에 맹목적으로 매달리며 아이들에게 무한 노력 경쟁을 강요하고 있습니다. 자녀의 관심과 호기심은 안중에도 없고 적성에 맞는 진로를 찾는 일은 한참 뒷전입니다. 심지어 자녀의 인성에 대한 기본적인 존중도 없습니다. 그저 점수 따는 기계가 되기를 바라지요. 이렇게 자신의 경제력과 정보력을 총동원하여 사교육을 구매하고, 아이들을 학원으로 몰아붙인 결과, 어느새 아이는 공부 노동자로, 부모는 성적 감독관으로 살아가고 있습니다.

제3의 길을 찾아서

미래사회가 요구하는 인재로 키우기 위해서는 아이가 좋아하는 걸 열심히 할 수 있도록 도와줘야 한다고 말하면 다들 벌컥 역정부터 냅니다. 미래도 좋고 행복도 좋지만 당장 성적 경쟁에서 밀리면 끝장인데 책임질 거냐고 말이지요. 사교육 무한 경쟁에 매몰되어 당장의 성적밖에는 보이지 않는 겁니다. 하지만 과연 행복과 성적은 반드시 모순적 관계일까요? 꼭 하나를 버려야 다른 하나를 얻을 수 있을까요? 오늘의 행복을 포기하고 괴로운 공부를 참고 이겨내야만 성공할 수 있을까요? 백번 양보해서 지금까지는 그랬다고 하지요. 하지만 이제는 이 둘을 동시에 잡을 수 있는 제3의 길이 있다는 것을 아셔야 합니다. 그 희망의 길을 이 책에서 발견하게 될 것입니다. 재밌고 즐겁게 공부하면서 경쟁에서도 성공하는 길을 반드시 만나게 될 것입니다. 단순한 희망사항이 아닙니다. 최근까지 과학계에서 밝혀낸 두뇌의 작동원리에 바탕을 둔 구체적인 방법들에 대해 말씀드리는 것입니다.

자기주도학습의 재창조

이제는 무한 경쟁과 무한 노력을 아이들에게 강요할 필요가 없습니다. 경제력과 정보력이 부모 능력이라는 사회적인 착각에서 벗어나 진정한 부모력을 발휘할 때입니다. 사랑과 신뢰의 분위기에서 학교공부를 중심으로 서로 협력하며 성장하는, 우리 현실에 맞게 재창조된 자기주도학습을 통해 아이도 부모도 행복한 동시에 확실하게 성공할 수 있는 길로 나아갈 수 있습니다.

사교육을 극복한 부모들의 소중한 기록

지금 당장은 뜬금없는 소리 집어치우라고, 세상에 그런 길이 어디 있냐고 묻고 싶을 것입니다. 사교육이 세계적으로 가장 심하게 산업화된 우리나라에서는 당연한 반응이지요. 하지만 학부모이기 이전에 부모로서의 지혜를 발휘한다면 그렇게 찾기 어렵지도 않습니다. 이렇게 말씀드려도 지금까지 사교육의 현란한 마케팅 기법에 거듭 속아왔기에 여전히 의심스러울 것입니다. 여러분보다 한발 앞서 새로운 길을 가고 있는 분들의 증언을 소개합니다.

"옛날에는 무작정 앞서가는 아이들만 바라보고 살았습니다. 그 집의 부모와 아이는 얼마나 행복할까 늘 부러웠지요. 하지만 부모교육 강의를 통해 현재의 욕망 구조 속에서는 어떠한 가정도 행복할 수 없다는 것을 깨달았습니다. 성적이 좋으니 됐다고 생각했는데, 그동안 얼마나 아이들이 괴로웠을지 생각하면 지금도 마음이 아픕니다."

"우리 교육 생태계가 얼마나 깊게 오염되었는지, 공부란 원래 얼마나 재미있는 것인지, 어떻게 해야 존중을 바탕으로 아이와 공감할 수 있는지 깨달을 수 있었고, 배운 것들을 가정에서 실천하는 힘도 기를 수 있었습니다. 그리고 마지막으로 내 스스로의 삶에도 관심을 가져도 된다는 것을, 그게 결코 이기적인 게 아니라는 것을 기쁘게 받아들일 수 있었습니다."

"내 아이는 가족의 일부이지 전부가 아니란 것을, 내 아이의 성공을 담보로 모든 가족이 힘들고 괴로워선 안 된다는 것을 깨달았습니다. 이젠 더 이상 옆집 아줌마들 하나도 안 부럽고, 안 무섭습니다. 이제 우리 가족은 가정 본연의 따뜻함으로 회복되고 있습니다. 사교육 세력이 만든 가상현실을 꿰뚫어버리듯 진실을 명확하게 파악할 수 있게 되었습니다."

"저도 예전엔 앞선 정보력으로 밀어붙이는 학부모들을 동경했고, 저 또한 그들을 따라가기 위해 부단히 노력했습니다. 아이가 힘들어해도 어쩔 수 없는 과정이라며 몰아붙였지요. 하지만 아이가 고통을 온몸으로 호소할 때 비로소 깨달았습니다. 아이에게는 그저 친구처럼 함께 수다 떨고, 속상한 마음을 위로하고 격려해주는 엄마가 필요했다는 것을 말이죠. 이제는 아이가 전에 없던 애정 표현으로 저를 반겨줍니다. 잃었던 세상을 되찾은 기분이에요."

"내가 이만큼 노력하지 않았으면 제 앞가림도 제대로 못했을 것이라는 걱정이 아이를 얼마나 위축시켜 왔는지 반성해보게 됩니다. 그동안 얼마나 힘들었을까요? 자기 흥미를 마음대로 발전시켜 볼 수 있게 격려만 해줘도 이렇게나 뛰어나게 자랄 수 있었는데 말이에요. 아이가 어떤 것에 흥미를 보이든, 결국 그 탐구활동들이 아이를 진정한 성공으로 이끈다는 것, 이제는 믿을 수 있습니다."

"옛날에는 더 비싼 학원에 못 보내주는 게 한이었지만, 이제는 마음이 편안합니다. 아이에게 모든 것을 사줄 필요도 없고 사줘서도 안 된다는 것을 분명히 깨달을 수 있었기 때문입니다. 이제는 공감과 소통으로 아이의 방향과 속도를 지켜주는 것이 아이를 살려낸다는 것을 깨달았습니다. 제가 흔들릴 때마다 힘이 되어주는 우리 가족과 좋은 이웃들에게 감사합니다."

"수업과 실습 그리고 이어지는 실천단활동을 통해 아이의 자유로운 탐구활동들을 도와주는 게 맞는 길이라는 확신이 점점 깊어져가는 것을 느끼고 있습니다. 솔직히 한동안 주위의 왜곡된 시선과 이야기들에 여전히 불안해하기도 했지만, 이젠 자신의 호기심을 발전시켜 결국 교과 영역에까지 흥미를 넓혀나가는 아이를 보며, 이제는 부모로서 더 바랄 게 없다고 느낍니다."

마치 다른 나라 이야기 같지 않나요? 사교육에 의존하여 아이를 달달 볶아대던 학부모들이 다시 지혜로운 부모로 돌아온 모습을 보니 어떻습니까? 과거 더 좋은 사교육을 찾아 헤매던 분들이 도착한 이곳은 바로 더 이상 사교육에 맹목적으로 의존하지 않고도 반드시 성공할 수 있다는 희망의 마을이었습니다. 그리고 그 희망을 현실로 만들어가는 작은 노력들이 가득한 곳이지요.

대한민국에서는 기대하기 힘든 극적인 변화, 도대체 어떻게 가능했을까요? 우리는 이제 본 책을 통해 자신도 모르게 사교육 논리에 빠져들 수밖에 없게 만든 오염된 개념부터 바로잡기 시작할 것입니다. 그리고 사교육 논리가 지배하는 상황이라는 압력이 부모를 어떻게 학부모로 만들어 우리 가정의 행복과 아이의 성장을 가로막는지 통찰하게 될 것입니다. 여러분들이 여태까지 얼마나 끔찍한 상황에서 악전고투해왔는지, 학부모로서 분투하게 만든 상황의 실체가 낱낱이 파헤쳐지는 순간, 분명 여러분들의 가슴은 안도감으로 뜨거워질 겁니다. 그리고 그 불안감이 빠져나간 자리에 새로운 희망이 들어찰 것입니다.

실천이 아니라 방법이 문제

많은 분들이 학부모로서의 한계를 절감하고 부모로서의 역할을 회복하기 위해 노력하고 있습니다. 그래서 학부모교육이 대유행입니다. 하지만 여전히 사교육 지향, 엄마 주도를 벗어나지 못하는 오염된 습관들 때문에 학부모교육 무용론까지 터져나오는 실정입니다. 교육을 받아도 효과는 잠깐, 금방 원위치라고 하소연하지요. 심지어 학부모 강의는 그만하고 아이를 직접 변화시켜 달라는 요구도 서슴지 않습니다.

학부모교육이 희망이 되지 못하고 오히려 자괴감만 키우는 현실을 어떻게 이해해야 할까요? 모르는 것도 문제지만 많이 알면 알수록 실천은 더욱 어려워집니다. 워낙 머릿속에 들어찬 정보가 많아 문제 상황 앞에서 무엇부터 들이대봐야 할지 막막하기 때문이지요. 우리는 이론을 먼저 공부해야 실천할 수 있다는 생각을 버려야 합니다. 당장 바로바로 실천할 수 있는 방법들을 찾아야 합니다. 이렇게 작은 실천(스몰액션)을 연습해가면서 나에게 맞는 방법, 도움이 되는 환경 조건 등을 찾게 되면 점점 공부가 깊어지게 될 겁니다. 만만한 도전들로 일상을 바꿔나가다 보면 더 이상 실천이 어렵다는 말은 하지 않게 됩니다. 실천은 부담이 아니라 성취욕구로 시작해야 합니다. 이 책에서는 누구나 즐겁게 도전하고 성취할 수 있는 만만한 방법들을 소개합니다. 하나둘 연습해가다 보면 우리 가정에 꼭 맞는 해법을 찾아나갈 수 있고 이를 통해 긍정적 변화를 정착시킬 수 있게 됩니다.

혼자 하면 실패, 함께 하면 성공

마지막으로 이 책은 여러분 개개인에게 불같은 각오를 권장하지 않습니다. 물론 의지를 다지는 걸 막지는 않겠습니다만 다들 알고 있듯이 어차피 그건 오래 못 가지요. 그 대신 서로가 서로에게 긍정적 자극을 선사하는 협력을 제안합니다. 개인의 의지로 분투하는 게 아니라 마음을 맞잡고 협력함으로써 모두가 편안하게 성공하는 길로 가는 것입니다. 우리 가족들, 지역 이웃들 그리고 온라인 커뮤니티 안에서 서로 격려하고 위로하며 희망을 공유하다 보면 새 희망의 변화를 체감하게 될 것입니다. 우리가 건강한 상상을 공유하고 이를 실천해 나아갈 때 우리 가정은 물론 우리 사회 전체가 행복하게 성공할 수 있지 않겠습니까?

이 책이 나오기까지 수고해주신 모든 분들에게 감사의 인사를 올립니다. 2013년 봄, 사교육걱정없는세상에서 열린 7주간의 '행복한 부모학교' 강의가 바탕이 되어, 소중한 한 권의 책이 이렇게 세상에 나오게 되었습니다. 강의를 위해 물심양면 애써주신 사교육걱정없는세상 가족 여러분, 그리고 수업을 녹취해주신 문혜경, 안지원, 이대수, 이현주, 채일형 님에게 감사드립니다. 또한 자신의 아픈 사연들까지 깊이 공유하고 부모교육의 진정한 힘을 몸소 보여주며 여러모로 도움을 주신 우리 행복한 부모 실천단과 '행복한 부모학교'의 모든 수강생 여러분들에게 깊은 감사의 말씀을 드립니다.

이 책은 유독 한국에 깊게 남아 있는 과거 전통교육 문화의 병폐를 물리칠 희망의 빛이 될 것입니다. 세계의 교육 현장에 일찍이 퍼져 널리 공유되는 과학의 혜택들을 이제는 우리 대한민국도 누려볼 때가 되었습니다. 결국 오고야 말 자연스러운 미래의 물결에 함께할 여러분들에게 미리 축하한다고, 그동안 정말 고생 많았다는 말씀을 전합니다.

장마가 끝나가는 어느 여름날, 사교육걱정없는세상 행복한공부연구소에서

박재원, 최은식

CONTENTS

1강 자기주도학습의 오해와 진실

1 진정한 자기주도학습이란? 20
2 상황 파악이 중요하다 35

2강 '행복한 공부' 부모가 먼저 준비한다

1 믿는 만큼 성장하는 아이들 60
2 작은 실천이 상상을 현실로 만든다 80

3강 당신이 힘든 건 당신 탓이 아니다

1 오염된 생태계를 파헤친다 96
2 낡은 가치관을 극복한다 108

4강 '공부의 맛' 살리는 뇌기반 학습

1 공부와 싸우지 말자 120
2 공부의 맛을 회복하자 134

5강 '행복한 공부' 망치는 환경 뛰어넘기

1 너 성적이 그게 뭐야? 156
2 갈수록 공부를 싫어하는 우리 아이, 어떡하지? 167
3 그럼 도대체 어떡하라는 거야? 185

6강 학습-입시-진로 '성공' 로드맵 짜기

1 복잡한 제도 속에서 살아남는 법 202
2 로드맵 그리기 229

7강 내 아이에 맞는 공부 전략

결론 새로운 사고방식을 입자 254

1강

자기주도학습의 오해와 진실

“공부가 힘들어 몸부림치는 우리 아이. 부모로서 안쓰러운 마음도 들지만, 학부모로서 어떻게든 앞서가게 도와야 한다는 불안이 더 큽니다. 꼭 학원에 보내 강제로 시켜야만 할까요? 아닙니다. 스스로 공부하는 분위기로 이끌어주면 됩니다.”

1 진정한 자기주도학습이란?

그동안 힘드셨지요?

초등학생 동준이는 요새 정신이 없다. 엄마가 여기저기 온갖 부모교육을 섭렵하고 다니면서 자기 삶이 더 피곤해지는 것 같아 불만이 많다. 엄마는 동준이를 위해 공부하는 거라고 하지만 동준이는 그저 숙제만 늘어날 뿐이다.

동준이 엄마는 늘 걱정이 앞선다. 다들 비싼 돈 주고 뭐라도 시키는데 여기서 조금이라도 뒤처지면 영영 주저앉을 것만 같아 불안한 마음이다. 머리 좋아지라고 태교도 열심히 하고 어릴 때부터 두뇌 개발 장난감도 이것저것 시켜보았는데 딱히 천재적인 두뇌를 가진 것 같지는 않고, 그렇다고 공부를 열심히 하는 것 같지도 않아 답답할 뿐이다. 요새 유행하는 자기주도학습 캠프에 보내면 좀 나아질까 하는 생각에 아이 아빠한테는 미안하지만 이번 한 번만 더 투자해보기로 마음을 먹는다. 이번에는 비싼 만큼 제값을 하겠지. 아직 초등학생인데 언제쯤 이 굴레에서 벗어날 수 있을까? 자식 취업 문제까지 다 마쳐놓은 선배 엄마들이 그저 부러울 따름이다.

하지만
이번 장을
읽고 나면!

★ 부모교육에 대한 전체 지도를 갖게 되어 더 이상 불안한 마음으로 여기저기 따라다니지 않습니다.

★ 부모교육을 통한 배움을 이해로만 끝내지 않고 마음의 변화를 통해 삶 속에서 실천하게 됩니다.

★ 의지 충만 · 재능 만점 영웅의 공부 신화를 무리하게 따라 하지 않아도 됩니다.

★ 특별히 극적인 변화 없이도 우리 아이가 스스로 공부에 열중할 수 있게 됩니다.

자기주도학습이란?

우리 아이들이 살아갈 미래는 자기주도학습 능력으로 성패가 갈리게 되어 있습니다. 자기주도학습은 단순한 학습법이 아니라 아이의 미래를 결정하는 핵심 개념입니다. 기본적인 자립심, 자존감, 안정감 등의 인성을 키워줄 뿐 아니라 아이들이 살아갈 21세기 지식기반사회의 핵심 역량인 비판적 사고 능력, 창의력, 협업능력, 의사소통능력 또한 훌륭하게 키워줄 수 있기 때문입니다. 그런데 자기주도학습을 그저 자습 정도로 생각하는 분들이 많아요. 아니면 그냥 자기주도학습 학원에 맡기면 다 해결된다고 생각하는 분도 많지요.

바른 이해를 돕기 위해 국가평생교육진흥원에서 발간한 자기주도학습 안내 자료가 있습니다. 국가 차원에서 자기주도학습에 대해 정의 내린 것입니다. 자료를 보면 자기주도학습이란 학습자가 주체가 되어 학습과정을 스스로 이끌어가는 학습활동이라고 정의되어 있습니다. 여태 알고 있던 것과 크게 다르지 않지요? 그런데 구체적인 부모 역할, 자녀 역할로 들어가 보면 분위기가 조금 달라질 겁니다.

먼저 자녀는 수많은 시행착오와 연습을 통해 자기주도학습 능력을 완성한다고 나와 있어요. 시행착오를 거치지 않는 프로그램, 연습 없이 바로 써먹을 수 있다고 하는 프로그램은 가짜라는 말입니다. 그런데 습관을 단번에 바로잡아준다고 광고하는 자기주도학습 프로그램들이 사교육시장에 많이 나와 있지요. 가짜들이 진짜 행세를 하고 있는 실정입니다.

또 부모는 자녀가 그 과정을 지속할 수 있도록 지속적으로 다독이고 방향을 제시한다고 나와 있습니다. 불안할 때마다 잔소리를 하거나 연습할 시간도 없이 계속 수업만 듣게 하면 자기주도학습이 이루어지지 못한다는 뜻이지요. 걷다 넘어지더라도 스스로 일어설 수 있게 믿고 다독여주어야지 "이건 안 되겠다." 하며 얼른 일으켜 세워 다른 프로그램을 알아보러 다니면 안 된다는 얘기입니다.

현실은 생각보다 암담하다

많은 부모들이 성적 욕심과 실패에 대한 불안 때문에 아이를 학원으로 몰아넣고 있습니다. 그중에는 아이가 심각하게 망가진 후에나 반성하는 분들도 많이 있지요. 이런 편지를 받은 적이 있습니다.

'우리 아이는 머리는 뛰어난데 공부 의욕은 저조하다. 중학교 때까지는 전교 1등이었는데 고등학교 들어와서 좌절하더니 갑자기 공부에서 손을 놓아버렸다. 어느 날부터 학교에서 돌아와 게임만

하는 아이 때문에 화장실에서 물 틀어놓고 소리 내어 운 적도 많다. 과도하게 아이를 밀어붙이는 바람에 이렇게 돼버린 것 같아 아이한테 미안한 마음이 든다.'

자기만의 공부 방향, 스타일 등을 찾아보도록 하지 않고 무작정 학원으로 몰아붙임으로써 학습동기를 무너뜨린 사례입니다. 소위 잘나가는 집안에서도 이런 일들이 비일비재합니다. 소리 소문 없이 자퇴하고 정신과 치료를 받는 아이들도 많이 있고요. 하지만 절대 드러내지 않지요. 체면이 구겨지니까요.

어머니들이 과연 '자기주도학습'이란 용어를 몰라서 아이가 그 지경이 되도록 놓아뒀을까요? 결코 아닙니다. 저런 분들은 보통 어떻게든 아이를 고쳐보려고 온갖 교육을 다 받고 별별 검사 및 프로그램 등 안 해보는 게 없습니다. 이러한 노력에도 불구하고 여전히 희망을 되찾지 못하는 가정이 많습니다. 사교육이 지나치게 산업화되어서 돈 욕심에 오염된 정보들이 넘쳐나기 때문이에요. 사실 이렇게 눈물 젖은 이야기들이 무수히 많지만 실패자들은 스스로 숨어버리기 때문에 몇몇 성공 사례들만 전면에 부각되어 전체적으로 심각한 정보 왜곡 현상이 나타납니다. 이것이 바로 세계적으로 악명 높은 대한민국표 '맹모삼천지교'의 현주소입니다.

결코 단순한 문제가 아니다

그동안 수많은 학생들을 상담하다 보니 열심히 공부하려 해도 방법을 몰라 고통스러워하는 학생들이 정말 많았습니다. 이런 아이들은 보통 가슴에 맺힌 게 많아서인지 편지도 굉장히 길게 씁니다. 성적 이야기부터 시작해서 엄마가 너무 괴롭힌다, 아빠는 나한테 관심이 없다, 동생이 방해한다, 학교에서는 누가 힘들게 하고, 저 선생님은 뭐가 어떻고 등의 내용이지요. 그런데 정말 문제가 되는 것은 분명 나름대로 열심히 노력했는데도 계속 실패하는 원인을 명쾌하게 분석해주는 사람이 아무도 없다는 호소였습니다.

아이들이 상담을 통해 주변에 도움을 구하면 대부분은 "최선을 다한 거 맞아?"라는 답이 돌아옵니다. 학습방법의 문제도 점검받고 환경도 개선하고 싶은데 요령 피우지 말고 무조건 더 열심히 하라는 말만 들으니 힘이 들 수밖에요. 이렇게 답답함에 괴로워하다 스스로 옥상에서 뛰어내리거나 자살 위기까지 갔다 겨우 살아나는 경우도 발생합니다.

방법도 모르는데 무조건 열심히만 하면 될까요? 정말로 노력만이 답이라면 전 세계 수많은 교육학자, 심리학자, 신경과학자들이 연구한 눈부신 방법론적 성과들은 다 뭘까요? 우리가 전통학습 안에 갇혀 손해 보고 있는 것들이 참으로 많습니다. 우선 공부방법, 학습문제의 원인에 있어서 우리들이 쉽게 빠지게 되는 오해가 무엇인지 살펴보도록 합시다.

이 사람만 따라 하면 된다?

세간에는 매체들을 통해 공개된 성공 사례들이 많습니다. 사회적으로 한참 유명세를 떨친 공부 스타들도 여럿 있지요. 그들의 책을 보면 정말 주옥같은 방법들이 정성껏 소개되어 있습니다. 공부 스타의 수만큼 정말 기발한 방법들이 많이 나옵니다.

하지만 그중에는 '그 사람이었기에' 가능했던 부분들이 상당히 많이 포함되어 있어요. 대표적으로《공부 9단 오기 10단》의 저자 박원희 양이 있습니다. 이 사람은 오기 10단이라는 별명에 걸맞게 하루에 영어 단어를 1,000개씩 외웠다고 해요. 반복하며 외우다 보면 한 달에 1만 개 정도의 단어를 외울 수 있다고 합니다. 그래서 이 책을 본 수많은 수험생들이 하루에 영어 단어 1,000개씩 외우기에 도전했지요. 결과는 어땠을까요? 대부분 따라 하지도 못하고 자신감만 잃었습니다.

공부 스타들에게는 각자 고유한 개성과 인생 굴곡을 거치며 키워온 특별한 의지, 역량, 감성, 명분 등이 있습니다. 때문에 이들의 독특한 방식에는 보통 학생들이 쉽게 따라 할 수 없는 부분들이 많습니다. 그래서 책을 살 때는 희망에 가득 차 있다가 다 읽고 나서 따라 해보면 며칠, 몇 주 안에 좌절하게 되는 것이지요. 따라만 할 수 있다면 성공할 수 있을 것 같은데 대부분 다리만 찢어집니다.

어떤 성공 모델을 그대로 답습하려는 시도는 효과가 없습니다. 상황과 개성이 달라 그대로 따라 하는 것이 가능하지도 않고 억지로 따라 한다고 해도 자신에게 맞는 방법이 아닐 가능성이 큽니다.

내 아이는 왜 공부를 못할까?

많은 부모들이 우리 아이가 공부 스타들 같은 의지가 없어서 공부를 못하는 거라고 생각합니다. 그런데 의지력 자체가 절대적으로 강하거나 약한 아이가 있을까요? 상담 학생 중에는 의지박약으로 저를 찾아왔지만 함께 공부하는 방법을 찾아나가면서 의지가 점차 강해진 학생이 여럿 있었습니다. 반대로 해병대 출신으로 하늘을 찌르는 의지를 갖고 있었지만 시간이 가면서 의지가 꺾여 좌절하는 학생도 봤습니다. 지금 당장 자신의 의지가 강하거나 약한 것이 그 학생의 성공과 실패를 결정짓지 않습니다. 대표적인 오해입니다.

생활 습관 문제도 그렇지요. 아이가 늦잠을 잔다거나 방 정리 상태가 엉망이라는 이유로 고민하는 부모들이 많습니다. 이런 걸 공부와 연결지어서 아이들과 싸우지 마세요. 농담 조금 보태서 방 정리 안 하고 사는 수준의 개인사는 천부인권으로 존중받아야 된다고 생각합니다. 책상은 어질러두고 침대에서 뒹굴뒹굴하며 공부하고 전국 수석을 차지하는 학생도 있어요. 대부분의 생활 습관은 공부와 별 관련이 없습니다. 괜히 아이의 생활 패턴 전체를 건들면 관계만 나빠지고 고치기도 어려워요. 학습에 관련된 습관들만 부분적으로 교정하면서 개선해나가면 됩니다.

기초에 관해 잘못 생각하는 부분도 있습니다. 기초가 부족하니 더 많이, 더 빨리 시켜야 한다고 생각하는 것이지요. 이 또한 오해입니다. 이럴수록 순서를 지키는 것이 중요합니다. 제가 만난 아이 중에 고등학교 2학년 때 국어책을 겨우 읽은 친구가 있어요. 하지만 차근차근 순서를 밟아 공부해나가니까 결국 영국 교환학생까지 준비하는 유능한 청년이 되었습니다. 당장의 기초 실력이 마지막까지 발목 잡는다는 생각은 큰 착각입니다. 기초가 염려된다면 무분별한 선행학습에 쏟아붓는 에너지를 기초 연습에 투자하는 쪽으로 전략을 고치면 될 일입니다. 급하다고 서두르다가는 오히려 되돌아와야 하는 경우가 반드시 생깁니다.

전체에 대한 통찰

그럼 도대체 무엇이 문제일까요? 문제를 파악하려면 전체를 봐야 합니다. 학습문제는 여러 요소가 서로 맞물리면서 생겨나는 경우가 대부분이기 때문이에요. 한 아이의 성장을 위해서는 그 아이의 개성과 아이를 둘러싼 환경 전체를 고려할 줄 알아야 합니다. 학교 선생님, 친구, 학교 분위기가 어떤지 봐야 하고, 학교 주변의 유해환경으로부터 잘 보호되고 있는지도 봐야 하고, 가정 안에서도 엄마, 아빠와의 관계에 문제가 없는지, 형제자매들과 불화는 없는지, 옆집 아줌마의 잘난 딸 얘기에 스트레스를 받고 있지는 않은지 등을 종합적으로 고려해야 합니다. 그 안에서 복합적인 문제를 파악해야 해결해 나아갈 수 있지요.

아이마다 사회생활 속에서 무엇을 깨달아왔고 어떤 감성을 키워왔는지는 천차만별입니다. 전체적인 생태계를 파악해야 아이를 이해하고 도와줄 수 있어요. 부모가 집 안에서만 보는 아이의 모습, 성적표에 찍히는 등수가 아이의 전부는 아닙니다. 복잡하고 어려워 보이지만 아이의 상황과 관계망 전체를 파악하려는 노력 없이는 학습문제의 근본적인 해결이 불가능합니다.

같은 종자를 가진 나무도 초원에서는 잘 자라지만 사막에서는 말라비틀어집니다. 당장 아이한테 문제가 있다고 해서 원래 의지가 약하다느니 습관이 잘못됐다느니 신경이 날카롭다느니 머리가 나쁘다느니 해서는 안 됩니다. 종자 탓을 하면 안 돼요. 중요한 것은 생태계입니다. 환경을 건강하게 맞춰주면 나무는 잘 자라날 수 있어요. 부모가 아이의 공부 생태계를 조망하여 가정환경과 조화를 이루도록 해줄 수 있어야 합니다. 생태계를 바꿔주면 아이는 자연스럽게 새로운 환경에 적응하면서 건강을 회복할 수 있습니다.

사교육, 불안과 욕심의 메커니즘

아이에게 건강한 환경을 만들어주려면 우선 사교육을 제대로 보는 안목을 길러야 합니다. 자기주도적 학습능력은 수많은 시행착오를 거쳐 자기에게 맞는 길을 찾아 이를 꾸준히 연습하면서 완성해가야 합니다. 무작정 이 기술 하나만 따라 하면 모든 게 해결된다는 식의 얄팍한 술수들은 조심하세요.

사실 사교육이 산업화되고 교육시장이 수익을 지향하게 되면서 생긴 병폐가 있습니다. 복잡한 진실을 그대로 보여주고 정직하게 고치려 하면 너무 버겁기 때문에 현실을 단순화해서 몇 가지 기술로 해결될 수 있는 것처럼 설명하는 것입니다. 그러면 학부모들은 이런 상품을 구매하는 것으로 자기 역할을 대신하려고 합니다. 부모의 불안과 욕망이 시장의 돈 욕심과 조화를 이뤄 지금의 사교육 산업을 만들어낸 것이지요. 아이들 학원뿐만 아니라 부모교육, 자기주도학습법 교육 또한 마찬가지입니다.

높이 나는 새가 멀리 본다

마음의 준비도 중요합니다. 마음을 편하게 가지고 희망을 잃지 말아야 합니다. 우리 아이들이 무언가를 포기하는 순간에 "조금만 더 가면 눈에 보일 텐데. 손에 잡힐 텐데……." 하며 안타까울 때가 있지요. 지금부터 헤쳐나갈 부모 역할 영역도 마찬가지입니다. 조금만 더 파면 뭔가 나오는데 대부분 보물 언저리에서 포기하고 말거든요.

문제가 아무리 복잡해 보여도 일단 한두 영역에서 깊이 들어가면 전체를 새로운 눈으로 조망할 수 있습니다. 산등성이가 아무리 복잡해도 일단 웬만한 봉우리에 올라가서 보면 전체 산맥의 줄기가 눈에 들어오지 않습니까? 하나하나 깊이 있게 다뤄보고 연습하다 보면 생각보다 쉽게 풀릴 수 있습니다. 또한 핵심 주제에 집중하다 보면 그 과정에서 다른 수많은 문제들이 절로 풀리기도 합니다.

사람은 어떻게 바뀌는 걸까?

우리 가정의 복잡한 문제를 풀어나가는 첫걸음은 우리 자신을 바꾸는 것입니다. 자녀의 자기주도학습을 건강하게 지원해주는 부모로 다시 태어나는 것이지요. 그런데 말처럼 쉽지만은 않지요. 우리 자신이 바뀌기 위해서는 우리가 기존에 가지고 있던 개념부터 사용하는 언어, 일상의 경험까지 바꾸어내야 합니다.

그런데 사람을 변화시키는 가장 강력한 방법은 뭘까요? 결심? 비전? 꿈? 아닙니다. 상황의 힘입니다. 사람은 상황에 따라 변화하게 되어 있어요. 갑자기 집안이 망하거나 나라가 전쟁에 빠지면 사람은 다르게 살아가기 시작합니다. 하지만 언제나 극적인 상황 변화를 일으킬 수는 없겠지요.

그렇다면 일상이 매일 같은 패턴으로 이어지는 사람을 변화시키려면 어떻게 해야 할까요? 여러 가지 방법이 있을 수 있겠지만 여기서는 NLP(neurolinguistic programming) 방식을 소개하고자 합니다. NLP는 신경-언어-프로그래밍입니다. 이 원리를 이용하면 상황 해석을 바꿔 사람을 변화시킬 수 있어요.

사람 두뇌에 정보가 들어오면 뇌는 이것을 객관적으로 해석하지 않습니다. 머릿속에 이미 자리 잡고 있는 가치관과 신념을 기준으로 주관적인 평가를 내리지요. 예를 들어 '사과는 좋고 뱀은 나쁘다.'고 평가하는 가치관을 갖고 있는 사람이라면 사과는 긍정적으로, 뱀은 부정적으로 해석하는 것이지요. 뱀을 숭배하는 가치관을 공유하는 마을에서 자란 아이라면 다르게 해석할 것이고요.

이제 해석된 정보에 따라 행동을 결정하는데, 이 과정에서도 어떤 행동에 대한 의도를 자기가 갖고 있는 언어 필터를 거쳐 표현하게 됩니다. 흥분 상태에서 자기가 알고 있는 연결 어휘가 억울하다와 기쁘다밖에 없으면 둘 중 하나로 자신의 의도를 표현하는 것이지요. 개념 즉 언어화된 이해의 단위가 사고를 지배하고 행동을 지배합니다.

또한 가치관은 경험에 따라 역동적으로 구축됩니다. 어떤 사람이 자기가 만나는 모든 사람의 행동을 나쁜 행동이라고 의심한다면 그 사람은 여태 나쁜 사람들을 주로 만나면서 사람의 진심을 믿지 못하는 경험을 축적해온 것입니다. 이런 경험들이 지각필터와 내부정보처리 단계에 영향을 미쳐 부정적인 언어들로 이루어진 개념을 만들어온 것입니다.

정리해보면 이렇습니다. 자기주도학습을 성공적으로 이끌어가려면 먼저 이와 관련된 가치관 교정을 통해 공부에 대한 태도를 건강한 반석 위에 세워야 하고 신념을 언어화 즉 정립된 개념으로 갖고 있어야 합니다. 그리고 마지막으로 이를 강화하고 지속할 수 있는 성공적인 경험의 축적이 필요합니다.

우리는 그동안 뿌리내려온 잘못된 태도를 고치기 위해 성공적인 자기주도학습을 위한 건강한 개념들을 새롭게 배울 것이고 이를 강화시키는 실전 연습을 축적하면서 결과적으로 가치관을 재정립하는 데까지 나아갈 것입니다. 이로써 태도가 건강해지고 감정이 좋아지면 결국 일상이 즐거워지게 되겠지요.

앎을 삶으로 녹여내기

우리는 지금부터 부모 역할을 제대로 수행하기 위해 알아야 하는 자녀의 공부 생태계 전체를 다룰 겁니다. 그래야 진실에 접근할 수 있고, 정말로 건강해지는 길에 들어설 수 있습니다.

지금은 뭐가 뭔지 막막할 테지만 이번 1강부터 마지막 7강까지 차근차근 배우고 익혀 가시다 보면 전체 그림을 조망할 수 있는 안목을 갖추리라 확신합니다. 그러나 한 가지 명심해야 할 것은 단순히 교육을 받는 것만으로는 아무것도 바뀌지 않는다는 사실입니다.

되게 이황 선생이 지(知)-심(心)-행(行)을 얘기한 깊은 뜻이 여기에 있습니다. 새로운 개념을 배워서 삶에 대한 이해를 바꾸고, 이것이 마음속에 스며들 수 있도록 반복적으로 깊이 성찰하고, 실천을 통해 삶으로 살아낼 때 비로소 건강한 희망이 생깁니다. 지심행의 과정을 거쳐 앎을 삶으로 녹여내면 결국 태도까지 바꿔낼 수 있다는 것입니다.

이해는 되는데 실천이 안 된다는 말은 무슨 뜻일까요? 이해에 그치고 마음의 변화는 없다는 것입니다. 전형적인 한국식 시험공부 마인드의 폐해이지요. 마음의 변화를 일구고 실천 연습을 통해 습관을 바꿔나가면 삶은 변화하게 되어 있습니다. 우리가 앞으로 배울 모든 배움은 이 지심행의 가치관에 따라 삶으로 실천해 나아가야 할 것입니다.

이제, 부모로서 살겠습니다

입학과 동시에 우리 아이를 옆집 아이와 비교하고 주변 엄마들 이야기에 흔들리기도 하며 불안감과 싸우느라 많은 시간을 보내왔습니다. 아이가 무엇을 하고 싶은지, 어떻게 살고 싶은지 살피기 전에 보통 아이였으면 좋겠다는 욕심부터 부렸던 것이 아이를 힘들게 하지는 않았을까 걱정이 되네요. 엄마가 먼저 해결해주지 말고 시행착오를 겪을 수 있게, 스스로 느끼고 대처하는 능동적인 아이가 될 수 있게 기다려줘야겠다는 생각을 다시금 하게 됐습니다. 아이가 작은 일부터 좀 더 많이 선택하고, 스스로 책임지고, 주도적으로 해나갈 수 있도록 격려해줘야겠습니다.

– stellasong 님

현재 대안학교에서 중 2 담임을 맡고 있습니다. 저희 아들딸에게 자기주도 학습 능력을 길러주었더니 공부를 재미있게 열심히 해서 지금 대학에서 행복하게 공부하고 있습니다. 저도 개인보다는 생태계와 관계망을 봐야 한다는 내용을 접하고 나서 안개가 걷히듯 무언가 손에 잡히는 기쁨을 맛보게 되었습니다. 그 후, 우리 가족의 관계망부터 돌아보고 공부를 강요하지 않고 사교육에 의지하지 않았습니다. 이렇게 키우니 아이들이 오히려 좋은 자극을 받고 더욱 열심히 공부했다고 하네요. 더 바랄 것이 없어요.

– 넓은 님

2 상황 파악이 중요하다

그동안 힘드셨지요?

외국어고등학교 2학년에 재학 중인 태준이는 오늘도 새벽이 되어서야 집에 들어온다. 사교육 1번지인 강남에서 각 과목마다 가장 유명하다는 강사들의 수업을 들으려 매일 이리저리 옮겨 다니기 때문이다. 엄마는 입만 열면 성적 얘기. 오늘은 기가 막힌 프로그램을 등록해놨으니 토요일에 같이 가보자는 말까지. 엄마는 도무지 나한테는 관심이 없다.

태준이 엄마는 오늘도 불안하다. 그동안 여러 학부모 모임을 통해 어렵게 수집한 정보로 최적의 프로그램을 짜서 추진하고 있지만 늘 새로운 비법이 생기는 것 같다. 내가 알고 있는 게 과연 확실할지 잘 모르겠다. 내가 이렇게 고민하고 고생하는데 아들 녀석은 나한테 고마워하기는커녕 말만 걸면 짜증이다. 아빠가 고생하며 번 돈을 자기한테 다 쏟아붓고 있는데도 저렇게 짜증을 내니 속상하기도 하지만 일단 학원 가는 길에 싸우면 안 되니까 매번 참는다. 그래도 이번 학원은 확실하게 성적을 올려줄 것 같다. 믿고 밀어붙여 봐야겠다. 다 아들을 위한 것이니 언젠가는 내 마음을 이해해줄 거라 생각한다. 그래도 함께 놀아준 게 언제인지 기억도 나지 않아 미안한 마음도 크다.

하지만 이번 장을 읽고 나면!

★ 더 이상 저조한 성적이나 낮은 학습동기 때문에 아이를 인격적으로 질책하지 않게 됩니다.

★ 환경 조성에 따라 학습발달은 얼마든지 개선될 수 있다는 걸 이해하고 당장의 부진에 조급해하지 않게 됩니다.

★ 부모, 선생님, 친구와의 관계를 개선할 수 있고 이에 따라 학습동기, 읽기능력 등을 신장시킬 수 있습니다.

★ 교육환경에 대한 오해 속에서 진실을 가려냄으로써 수많은 걱정을 덜어낼 수 있게 됩니다.

★ 진정한 자기주도학습을 배워감에 따라 매력적인 기술로 학습문제를 단기간에 해결해준다는 교육 프로그램들의 유혹에서 자유로워집니다.

충돌하는 개념, 개인 vs 관계

개인의 문제냐 관계의 문제냐. 이 두 관점 간 대립은 우리 사회에 깊이 뿌리박힌 갈등입니다. 사실 사회적 문제의 상당 부분을 개인의 문제로 단정 지어 표면적 사건의 범인이 되는 사람만 처벌하고 그것으로 사건을 종결해버리는 경우를 주변에서 흔하게 봅니다. 앞서 한 아이의 학습문제를 대할 때 우리 사회는 그 아이의 환경 전체를 고려하지 못하고 그 아이의 의지, 절실함 등에만 주목한다고 했습니다. 문제를 넓게 바라보기 어려운 이유는 우리 사회에 이미 사회와 환경 전체의 문제를 한 개인의 문제로 축소해버리는 경향이 만연하기 때문이기도 합니다.

최근 군 고위 관계자가 군 자살은 개인 문제라고 언급해 논란이 되고 있습니다. 그분의 말을 빌려보면 "자살은 기본적으로 개인의 문제라고 봅니다. 통제된 사회에서 극소수만 그런다는 건 군대 자체에는 큰 문제가 없다는 걸 뜻합니다. 다만 죽을 만한 요인을 가진 사람의 마음에 군대 내의 답답함과 불편함이 상승작용을 일으킨 것이죠." 철저히 개인에게 문제의 책임을 떠안기려는 관점이지요. 여태 공부 못하는 아이들이 받았던 처우와 비슷하네요. 자살할 수밖에 없었던 많은 생명들에게 미안할 뿐입니다.

신창원과 표창원의 차이

우리나라를 떠들썩하게 만든 신창원이라는 범죄자가 있지요. 그리고 최근 주목받고 있는 표창원이라는 범죄심리학자가 있습니다. 재미있는 사실은 둘 다 어렸을 때 말썽을 저지를 때마다 강한 체벌과 엄한 질책을 받았다고 합니다. 그런데 표창원 곁에는 따뜻한 위로와 격려를 주는 이웃 아주머니와 교사가 있었고, 신창원 곁에는 싸늘하고 매몰찬 이웃 그리고 욕설과 무시로 대하는 교사만 가득했다고 합니다. 표창원에게는 풍부하게 제공되었던 따뜻한 사회적 유대가 신창원에게는 주어지지 못했던 것입니다.

범죄학에는 국가책임론, 사회체계책임론이라는 개념이 있습니다. 범죄자가 자라나는 과정에서 허술한 사회제도 때문에 부당한 처우를 받지는 않았는지 그리고 이웃 공동체와의 연대, 교육 등 사회적 안전망에서 소외되어 있지 않았는지를 감안하여 범죄의 책임을 종합적으로 판단해야 한다는 관점을 담은 개념들입니다. 범죄자가 저지른 행위에 대한 책임을 온전히 개인의 탓으로만 돌리지는 않는다는 뜻이지요.

우리 학생들에 대해서는 어떤가요? 우리는 여전히 공부에 있어서 '종자' 탓을 많이 합니다. 될 놈은 된다는 식이지요. 범죄자에게도 참작해주는 생태계의 문제를 공부하는 학생들에게는 고려해주지 않습니다. 너무나 억울한 일이지요.

학습법 책, 영웅들의 신화

개인의 책임을 강조하는 관점이 공부의 문제에서 얼마나 강하게 드러나는지 살펴보도록 합시다. 공부 영웅들이 쓴 학습법 책에는 대부분 성공의 원인을 자기의 우월한 능력, 재능, 의지의 조화라고 보는 관점이 녹아 있습니다. 성공과 실패는 온전히 개인의 몫이라는 시선이지요. 그들의 성공에 막대한 영향을 끼친 부모의 격려와 지원, 훌륭한 스터디 동료의 기여 등을 별로 강조하지 않아요. 개인의 노력을 넘어서는 생태계의 지원 속에 진정한 성공의 열쇠가 있다는 것을 스스로 의식하고 있지 못한 경우도 많습니다. 오직 '자신과의 싸움'을 강조하면서 자기를 자랑하는 수기가 대부분이지요.

그 많은 수기들이 단순히 영웅적 면모를 강조하기 위해 의도적으로 생태계의 영향력을 생략한 것은 아닐 겁니다. 공부에 대한 개념이 개인에 초점을 맞춘 틀로 잡혀 있어서 개인의 관점에서밖에 조명할 수 없다는 게 가장 큰 요인이지요. 그들도 그저 한국 사회가 강조하는 '개인'에 초점을 맞춰 자신을 해석하고 있을 뿐입니다. 한국 사회가 갖고 있는 일종의 사고 습관이에요.

내 아이는 인내심이 없다?

의지가 개인의 고유한 특성이라는 생각을 반박하는 재미있는 실험이 있습니다. 대학생에게 각각 무와 쿠키를 나눠주고 임의대로 두 그룹을 나눠 한쪽에게는 쿠키를 먹도록 지시하고 다른 한쪽에게는 무를 먹도록 지시합니다. 그리고 다음 날 자기가 먹은 음식에 대한 인터뷰에 응해달라고 부탁하지요.

그러고는 학습능력에 관한 실험이라며 퍼즐을 나눠줍니다. 그런데 이 퍼즐은 안 풀리는 퍼즐이에요. 모두가 어느 순간에는 포기를 선언해야 하는 문제이지요. 실험에서 측정한 건 각자가 퍼즐을 포기하기까지 걸리는 시간입니다. 과연 어떤 결과가 나왔을까요?

놀랍게도 무를 먹은 그룹이 쿠키를 먹은 그룹보다 훨씬 빨리 포기하고, 포기할 때까지 재도전한 횟수도 적었습니다. 무슨 의미일까요? 시험을 포기하지 않고 재도전하는 능력은 인내력 즉 의지력입니다. 그런데 쿠키를 눈앞에 두고 무를 먹은 학생들은 여기에 대한 스트레스에 대처하기 위해 이미 인내력을 많이 써버린 것입니다. 그래서 퍼즐 문제에 계속해서 재도전할 인내력이 부족했던 것이지요. 즉 의지는 사람의 성향이나 인품에 관련된 역량이라기보다 써버리면 없어지는 에너지로 보는 것이 더 정확합니다.

그러니 공부할 때의 의지를 그 사람의 성향인 것처럼 판단하고 평가하는 것은 적절하지 못합니다. 아이가 공부하다 지쳤다면 정신일도하사불성이라며 밀어붙일 것이 아니라 오히려 인내력을 충분히 재충전할 수 있도록 배려해줘야 합니다.

물론 이런 에너지의 총량을 높게 키워온 사람들에게 존경을 표하는 것은 괜찮습니다. 그게 훌륭한 건 맞아요. 하지만 책 펼쳐놓고 단 5분 앉아 있는 게 한계인 학생한테 정신일도하사불성을 요구한다고 해서 뭐가 더 나옵니까? 연료 떨어진 자동차에 채찍질한다고 자동차가 굴러갈 리 없잖아요. 우리가 신경 쓸 것은 다른 악조건 때문에 불필요하게 낭비되는 의지력을 스스로에게 집중할 수 있도록 도와주고 원래 갖고 있는 의지력의 총량을 차근차근 늘려갈 수 있도록 돕는 것뿐입니다.

학생의 개성에 적합한 생태계

우리는 문제 해결의 실마리를 개인이 아니라 개인의 배경에서 찾아야 합니다. 개인의 재능, 의지를 강조할 것이 아니라 건강한 학습 생태계를 만들어주어야 하는 것입니다. 명심해야 할 것은 학생들은 모두 저마다 개성이 달라서 각자에게 적절한 공부환경이 제각각이라는 점입니다.

> 학생들이 직접 자신의 학습속도에 맞춰 수업 주제에서 자신이 관심 있는 부분을 선택하고, 그 내용을 어떤 식으로 학습할지 몇 가지 학습방법을 선택할 수 있는 기회를 주어 학습내용에 꾸준히 주의를 기울이게 한다.
>
> 《수업혁명2》, 주디 윌리스, 이찬승·김계현 공역, 한국뇌기반교육연구소

위 인용문은 우리가 지향해야 할 방향을 잘 표현해줍니다. 획일

적으로 선행학습을 밀어붙일 것이 아니라 개인의 학습속도에 진도를 맞춰주고 흥미를 보이는 주제와 재미를 느끼는 방법을 선택할 수 있도록 배려하는 환경을 제공하자는 것이지요.

최근에 열린 혁신학교 국제심포지엄에서는 모든 학생들의 학습방식이 천차만별이기 때문에 다양한 교육방법과 접근법을 개발하자는 논의가 활발하게 개진되었습니다. 학생이라는 나무를 잘 키워주기 위한 맞춤형 환경을 최대한 제공하기 위해 학교가 생태계 구축 차원의 노력을 기울이고 있는 것입니다.

할 수 있는데 안 하는 것과 하고 싶은데 못하는 것에는 큰 차이가 있습니다. 현재 자신의 생태계가 자기한테 맞지 않아 공부에 집중하고 싶어도 도저히 적응하지 못하는 학생들이 많습니다. 학생들의 마음속으로 깊이 들어가보면 공부를 잘하고 싶지 않은 학생은 한 명도 없습니다. 더 이상 개인의 의지를 탓하면서 학생들을 몰아붙이면 안 됩니다. 그게 합당하고 효과적이라는 생각은 한국 어른들의 착각일 뿐입니다. 우리 어른들은 아이들에게 적절한 환경을 만들어주는 역할을 해야 합니다.

대한민국의 못된 관성

경쟁과 탈락, 평가와 변별, 시험과 성적이 지배하는 시스템을 유지하는 가장 손쉬운 방법은 '개인의 노력 부족'을 탓하는 것입니다. "기회를 줬는데 공부를 안 했으니 스스로 책임져!" 하고 몰아붙이면 모든 낙오자들을 깔끔하게 폐기처분할 수 있으니까요. 이런 방식으로 제도에 적응하지 못한 사람들을 낙오자로 소외시키는 구조가 굳건히 유지되어오고 있습니다.

우리 부모들이 지금껏 가져온 마음 습관으로 공부 못하는 우리 아이를 바라본다면, 솔직한 심정으로 아이가 많이 미워 보일 겁니다. 성과 부진을 개인의 노력 부족으로 몰아가는 대한민국의 못된 관성으로 아이를 평가하기 때문이지요. 그동안 우리는 잘 맞지 않는 체계 속에서 나름 노력하느라 고생한 아이의 아픔은 보지 못하고 그저 부모의 희생도 감사히 여길 줄 모르는 학생으로만 아이들을 판단해왔던 겁니다.

자기의 개성에 맞지 않는 환경과 제도 속에서 아이들은 계속 소외당하고 있습니다. 이는 자기주도학습에 있어서도 마찬가지입니다. 스스로 공부하는 능력을 기를 기회를 얻지 못했던 우리 아이들의 안타까운 실패를 그저 노력 부족으로만 돌리는 사회 분위기, 이제 고쳐나가야 합니다.

관계, 그중에서도 가정!

> 심리학적 인과론에 대한 치료자의 견해는 어떤 치료적 접근과 치료기법을 사용할지를 결정지으며 그의 모든 행동의 지침이 된다. … 만약 치료자가 그 문제를 주로 개인의 내면에서 비롯된 것이라고 본다면 개인치료를 하려 할 것이다. … 만약 치료자가 그 문제를 일련의 관계에서 비롯된 것이라고 본다면 그는 분명

사람들의 관계망에 개입하려 할 것이다.

《가족을 위로한다》, 오거스터스 네이피어·칼 휘태거,

남순현·원은주 공역, 21세기북스

제가 학생들의 공부에 대해 고민하다가 결국 부모교육에 집중하게 된 이유가 여기에 있습니다. 자기주도학습에 대해 강의하면서 부모 대상 강좌를 여는 이유도 여기에 있습니다. 아이들이 공부를 얼마나 성공적으로 해내느냐는 머리가 좋은지, 의지가 있는지, 오래 버티는 습관이 잡혀 있는지의 문제로 볼 수 없습니다. 중요한 것은 아이를 둘러싼 공부 생태계의 문제, 그중에서도 가장 중요한 가정의 문제입니다.

부모가 제공할 수 있는 최선은 아이에게 스타 강사를 과외교사로 붙여주는 게 아니라 아이 개성에 꼭 맞는 건강한 공부 생태계를 갖춰주는 겁니다. 여기에는 특별한 비법이 있는 게 아닙니다. 따뜻한 격려로 계속 자녀를 다독여주고 아이가 시행착오와 연습을 통해 스스로 역량을 키워나갈 수 있도록 지원하면서 여유를 품고 준비과정을 함께 해주면 됩니다.

값비싼 자기주도학습 캠프, 왜 효과가 없을까?

먼저, 그동안의 생태계를 돌아보지요. 지금까지는 사교육이 학습 생태계를 장악해왔습니다. 자기주도학습 능력을 키워준다는 학원 및 캠프 프로그램도 많이 있습니다. 타율적 학습자가 완벽한 자기주도적 학습자로 바뀐다고 하지요.

그런데 여기 참여한 적이 있는 학생들이 겪는 공통적인 부작용이 있어요. 학원, 캠프와 같이 통제된 공간 안에서는 스스로도 조금은 자기주도적 학습자가 된 것 같고 내 꿈에 이르는 완벽한 계획도 세우지만 집에 와서 실천해보려 하면 쉽지 않다는 겁니다. 비싼 돈 주고 찾은 해법에 대한 희망이 컸던 만큼 집과 학교 등 일상에서 적용이 되지 않으면 좌절감이 클 수밖에 없어요. 부모마저 "그게 얼마짜리인데 이 모양이야?" 하고 내뱉어버리면 이제 한바탕 전쟁이 치러집니다. 최악의 상황으로 치닫는 것이지요.

왜 이런 현상이 벌어지는 것일까요? 수많은 연구를 거친 논문과 책을 참고해서 만들었다는데 왜 부작용도 많고 실패율도 높을까요? 이유는 간단합니다. 학생들 저마다가 갖고 있는 적성과 일상의 생태계가 다르기 때문입니다. 연구를 할 때는 특정 요인들의 효과를 밝히기 위해 그 외 나머지 변수는 통제합니다. 그러나 실제 학생들은 복잡한 현실 상황, 관계가 얽혀 있는 생태계 안에 들어가 있기 때문에 비법이라는 게 제대로 적용되지 않을 가능성이 높을 수밖에 없습니다.

프로그램을 통해 아이가 확실히 달라졌다 해도 그건 그 프로그램 자체의 힘이라기보다 그 속에서 만난 선생님, 친구들과의 관계 때문인 경우가 많습니다. 사람은 배우는 내용과는 상관없이 그것을 배움으로 받아들이는지 아닌지에 따라 학습이 성립되기도 하고 아니기도 합니다. 아이가 프로그램에서 좋은 멘토를 알게 되었다면 그를 통해 변할 수 있습니다. 반대로 피곤한 꼰대를 만나 잔소리만 듣고 왔다면 변하지 않을 수밖에 없지요. 같은 프로그램이지만 누구는 성공하고 누구는 실패하는 근본적인 이유가 거기에 있습니다.

책 읽는 노하우를 알려준다던데?

아이의 독서환경을 만들어줄 때도 학원부터 찾는 경우가 많지요. 요즘 독서력을 쑥쑥 길러준다는 독서 프로젝트를 많이 봅니다. 그들은 이렇게 말하지요. "책을 읽어도 줄거리, 핵심 요지를 말하지 못하는 아이들이 있는데 이는 단순히 많이 읽는다고 해결되는 문제가 아니다. 따라서 책 읽는 법을 제대로 가르쳐야 하는데 부모나 교사도 이에 대해 배운 적이 없으니 어떻게 시작해야 할지 난감할 수밖에 없다. 그런 분들에게 이 프로젝트는 더할 나위 없이 친절한 가이드가 되어줄 것이다."

어떤가요? 갑자기 구매 욕구가 생기나요? '제대로 독해해야 한다. 제대로 읽어야 한다.'는 문구는 독서에 특수한 기술이 필요한 것처럼 생각하게 만드는군요. 학원 나름의 개념이 있겠지요. 줄거리는 어떻게 파악하고 핵심을 어떻게 요약적으로 표현하는지에 대한 나름의 기준이 있을 겁니다.

하지만 독서는 본래 즐거움으로 하는 겁니다. 앎에 대한 욕구, 순수한 호기심, 이야기를 좋아하는 성향은 모든 인간의 본능적 욕구에요. 영화, 연극, 뮤지컬을 즐기는 것과 같습니다. 이와 관련해서 미국의 건강한 독서 문화를 잘 포착한 글이 있어 한 대목 소개합니다.

> 여기 사람들은 책을 온전히 즐거움을 얻기 위해서 읽는 경우가 많다. … 오락의 한 수단으로 텔레비전이나 영화를 보듯이 책을 읽다 보니 미국인들은 자연스럽게 독서 습관이 정착된 듯싶다. … 인기 소설의 신간이 나오면 아이들 사이에 화제가 되고,

대화에 끼기 위해서 아이들은 더 열심히 책을 읽는다. … 좋은 책을 나눠주고 내용에 대해 토론을 시키면서 흥미를 갖도록 하는 지역 도서관들이 미국 곳곳에 많이 있다.

'즐거움을 위한 책읽기', 임정욱, 〈한겨레 신문〉 2013년 1월 7일자

사실 당연한 이야기인데 한국의 학부모에게는 새삼 참신한 관점입니다. 독서 습관이란 게 중요한 건 맞습니다. 하지만 모든 학생들에게 일률적으로 적용할 수 있는 단 하나의 비기(秘技)는 존재하지 않습니다. 그런 것은 두뇌의 학습원리상 있을 수가 없어요. 독해하는 법도, 내용을 정리하고 표현하는 방법도 철저하게 자신의 개성과 적성, 기호에 맞춰서 개인적으로 형성되는 겁니다.

그저 재미있는 영화를 보듯 책을 집어 들어 신나게 읽는 게 최선입니다. 그러다 보면 독서에 대한 흥미, 독해력, 독서 습관 등이 자신만의 스타일로 만들어지게 되어 있어요.

필독서를 주고 형식에 맞춰 감상문을 쓰라고 하면 누가 읽고 싶겠습니까? 어머니들한테 필수 드라마를 지정해주고 형식에 맞춰 감상문을 써오게 하여 채점하고 등수를 매긴다면 드라마 보는 게 과연 즐거울까요?

즐거움이 곧 효율성이다

재미있고도 놀라운 실험이 있습니다. 실험자를 두 집단으로 나누어 각각 귀여운 새끼 고양이 사진, 별로 귀엽지 않은 성인 고양이 사진을 보여줍니다. 한참 보여주고 난 뒤에 주의력, 집중력이 요구

되는 행동을 시켜봤습니다. 어떤 결과가 나왔을까요? 귀여운 아기 고양이를 본 집단의 과제 수행능력이 전에 비해 두 배 이상 좋아졌습니다. 그리고 다른 집단에서는 유의미한 변화가 없었어요. 사진을 통한 감정 반응에 따라 집중력, 주의력이 현저히 달라진 것입니다.

실력이 형편없는 교사에게 굉장히 비효율적인 방법으로 수업받고 있는 학생이 있습니다. 그런데 이 학생은 선생님과의 공부에 재미를 느끼고 선생님과의 관계도 매우 좋아요. 반대로 다른 학생은 매우 효율적인 방식으로 소위 스타 강사의 수업을 받으며 공부하고 있는데, 이 친구는 학습하면서 짜증스러운 느낌을 받고 있어요. 선생님이랑 통하는 것도 없고요.

둘 중 누구의 학습효율이 더 높을까요? 주의력 즉 집중력이 정서에 따라 크게 달라진다는 앞의 실험 결과를 통해 짐작되겠지만 당연히 자기가 좋아하는 선생님과 재미있게 공부한 아이의 학습효율이 훨씬 탁월합니다. 또한 이 친구는 공부에 대한 느낌이 긍정적이어서 양적으로도 더 많은 노력을 기울일 가능성이 매우 높겠지요.

재미있는 외화 시리즈를 마음껏 볼 수 있도록 하면 아이들은 3일 밤낮을 쉬지도 않고 수십 편의 이야기 전개에 집중할 겁니다. 아주 행복한 마음으로 말이지요. 핵심 내용도, 시사점도 아주 명확하게 파악할 것입니다. 좋아하는 외화 드라마를 보는 마음으로 공부를 대하도록 하는 것이 그 어떤 첨단과학이 동원된 고효율의 학습 프로그램보다 강력합니다.

전 세계 하나뿐인 사교육 문화

빚내서 사교육을 받는 '에듀푸어'가 국내에 300만 명이 넘습니다. 전체 가구의 평균수입 대비 교육비는 433만 원 대 51만 원인데 에듀푸어의 평균수입 대비 교육비는 313만 원 대 87만 원이에요. 덜 버는데 더 쓰는 것입니다.

빚을 내서라도 학원을 보내겠다는 사교육 열기, 다른 나라들은 어떨까요? 다음 그래프를 한번 살펴보겠습니다.

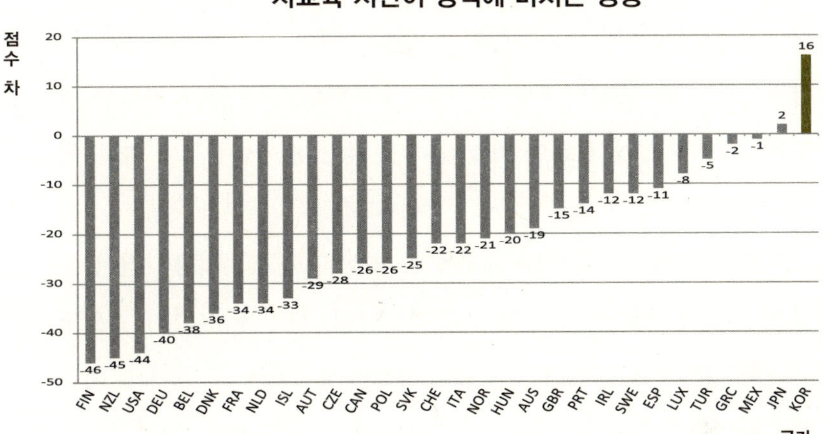

〈아동 · 청소년의 생활 패턴에 관한 국제 비교연구〉, 보건복지가족부 한국 청소년 정책연구원 (원 자료:PISA 2003)

가장 오른쪽의 KOR이 우리나라입니다. 그 옆이 일본이고요. 일단 우리나라는 이해가 갑니다. 사교육 시간이 점수 차이에 미치는 영향력이 대단히 크지요. 그런데 가장 왼쪽에 FIN이 있습니다. 핀란드입니다. 우리나라보다 공부를 잘하는 나라예요.

핀란드의 경우 사교육 시간이 성적에 미치는 영향이 -46점입니다. 그 옆에 늘어선 많은 나라들도 대부분 '사교육을 많이 받을수록 성적은 낮은' 경향을 보이지요. 전 세계적으로 보면 우리나라와 일본만 특이하게 사교육을 많이 받을수록 성적이 높습니다. 우리나라가 갖고 있는 사교육에 대한 상식으로는 도저히 납득할 수가 없는 그래프입니다.

전 세계적으로 우리나라 같은 사교육 문화는 존재하지 않습니다. 사교육이 없다는 것이 아닙니다. 다만 우리나라와 같이 경쟁의 도구로 사용되는 사교육 문화는 없습니다. 다른 나라에서 사용되는 사교육은 공교육의 보완책입니다. 학습능력이 부족한 아이들이 추가적으로 받는 훈련이지요. 따라서 사교육을 많이 받는 아이는 별도의 도움이 많이 필요한 아이입니다. 당연히 시험성적이 높은 집단은 아니지요.

하지만 우리나라에서는 사교육이 경쟁의 도구로 사용되면서 치열한 사교육 마케팅 공방전이 벌어집니다. 사교육 산업의 규모도 거대화되면서 막대한 자본이 상품 마케팅에 투자되고 있어요. 이러한 판촉 활동에서 자유로운 사람들은 흔치 않겠지요. 기본적으로 과대광고가 판을 치고 단기간의 가시적 성과 중심으로 프로그램이 구성되어 있습니다. 학원이 학생보다는 돈을 중심으로 굴러가니 학원에 열심히 보내도 효과를 보기가 힘든 것입니다.

주변에는 학원에서 소개비를 받고 영업 활동을 하는 학부모도 많이 숨어 있고, 학원가에서는 '영업 대박'을 위한 설명회도 많이 열립니다. 1년간 학원 못 끊게 하는 방법, 전 학원생을 홍보 요원으로 활용하는 방법, 한 명도 예외 없이 제 날짜에 수강료를 내게 하는 방법 등을 공유하지요. 이러한 맥락을 고려해서 사교육시장을 바라볼 수 있어야 합니다. 무작정 아이를 위하는 부모의 마음이라고 여기면서 스스로를 위로해도 진실은 달라지지 않습니다.

적응의 문제와 기술의 문제

다이어트에 성공하려면 어떻게 해야 할까요? 평소보다 적게 먹고 꾸준히 운동을 하면 되겠지요. 그런데 어느 날 이런 광고를 보게 됩니다. "한방으로 한 방에 살을 다스린다! 한 달 만에 10kg 감량 책임집니다!" 순간 그동안 유지해온 의지가 대책 없이 흔들립니다. "아, 그래! 내가 여태 서양식 방법을 썼기 때문에 내 몸에 안 맞았던 거야. 이제 한방 다이어트 비법을 통해 새 인생을 살아보자!"

바로 '적응의 문제와 기술의 문제'입니다. 다이어트는 적게 먹고 많이 움직이는 생활에 적응해야 하는 문제입니다. 그런데 한 방에 해결되는 기술적인 문제로 받아들이는 순간, 상술의 유혹에 넘어가게 됩니다. 적응으로 해결해야 할 문제에 대해 기술적인 비법으로 유혹하는 방식, 이게 자본주의가 돈을 벌어들이는 가장 강력한 방법입니다. 적응의 문제를 기술의 문제로 바꿔버리는 것이지요.

이런 식으로 우리나라에 크게 유행하는 산업들이 많이 있습니다. 외모를 고치는 성형수술과 지방흡입 같은 방법이 그렇습니다. 자기주도학습에서도 마찬가지입니다. 자기주도학습은 시행착오와 연습을 통해 아이 스스로 학습능력을 키워나가야 하는 적응의 문제입니다. 그런데 한 방에 해결하는 비법이 있다고 광고하지요. 다른 부분은 몰라도 학습에 있어서만큼은 이런 식의 꼼수들이 제대로 통하지 않습니다. 결국 적응에 성공해야 아이도 성공하게 되어 있어요. 적응의 문제를 무시하는 기술은 절망적인 부작용을 낳을 수밖에 없습니다.

어떤 분이 야근을 많이 해서 피로가 쌓였어요. 그래서 휴가를 내야겠다 생각하고 회사에 가는데 어딘가에서 "이거 마시면 마법처럼 체력이 회복됩니다!"라고 광고하는 소리가 들려옵니다. 그래서 쉬는 대신 드링크제를 마시며 계속 버팁니다. 이러다 찾아오는 건 승진이 아니라 과로사지요. 자기주도학습도 마찬가지예요. 당장의 유혹적인 기술을 사용해보면 뭔가 효과가 보입니다. 하지만 이러한 기술에 의지하는 버릇은 아이의 적응력을 떨어뜨려 결국 학년이 올라갈수록 한계가 드러납니다. 한동안 괜찮은 듯 보이다가도 어느 날 한 방에 무너지는 경우들이 너무나도 많습니다.

물론 적응의 문제를 보완하는 기술의 도움은 받을 수 있습니다. 하지만 적응의 문제를 무시하는 기술의 유혹을 뿌리치지 못하면 결국 부작용에 무너지고 맙니다.

비법을 알려달라고요?

자기주도학습에 대한 강의를 하고 나면 학생과 학부모에게서 이메일을 많이 받습니다. 구체적인 성적 향상 비법을 묻는 경우도 있고 자신만의 방법을 찾았다고 하는 경우도 있습니다. 전자는 기술적 비법에 의존하는 사람이고 후자는 적응력이 탁월한 사람이겠지요.

비법을 알려달라는 사람에게 구체적인 기술을 알려준다면 과연 그 사람에게 진정한 도움이 될까요? 물론 단기간에는 눈에 띄는 효과를 볼 수도 있습니다. 하지만 그런 식의 의존적 성향을 극복하지 못하면 결국 스스로의 적응력을 충분히 기르지 못해서 큰 부작용을 겪을 가능성이 높아집니다.

이 책에서 구체적인 기술을 함부로 언급하지 않는 이유도 여기에 있습니다. 다른 영역과 마찬가지로 자기주도학습 또한 철저하게 적응에 성공해야 하는 문제입니다. 대신 적응을 돕는 기술들은 이후 충분히 나옵니다.

우리는 그동안 우리를 뒤덮는 유행의 쓰나미 속에서 허우적대며 달려왔습니다. 하지만 이제는 정리할 수 있어야 합니다. 개인보다 관계, 이성보다 감성, 보편타당한 원리보다 개인을 둘러싼 맥락을 고려해야 하는 것입니다.

> 한 사회를 구성하는 우리는 스스로 주의 깊게 관찰하지 않는 이상, 엉터리 묘책이나 유행을 객관적으로 보거나 그것에서 자유로워질 수 없다. … 두려움이나 취향, 선입견 없이 제안된 해결책을 면밀하게 따져보려는 의지를 발휘하지 않는다면, 확신컨대 우리는 당면한 문제를 결코 해결할 수 없다.
>
> 《미국의 공교육 개혁, 그 빛과 그림자》, 다이앤 래비치, 윤재원 역, 김재웅 감수, 지식의 날개

다시, 자기주도학습이란?

결국 자기주도학습은 '학교를 중심으로, 성장의 관점에서, 학생이 주도하는, 협동학습 모델'입니다.

학교를 중심으로 한다는 것, 말로는 쉬운데 삶으로 실천하기는 굉장히 어려운 부분입니다. 온갖 비법 기술을 광고하는 사교육시장의 유혹을 이겨내고 학교의 교육과정을 중심으로 자기주도학습을 진행해야 한다는 것이지요.

성장의 관점에서 진행한다는 말의 반대말은 무엇일까요? 경쟁의 관점에서 치열하게 싸운다는 말입니다. 당장 일률적인 시험을 쳐서 옆사람과 끊임없이 비교하면 자기주도학습을 진행할 수 없습니다. 각자 적성에 맞는 방법이 다르고 속도가 다르고 흥미를 느끼는 과목이 다르기 때문이지요. 이 모든 개성을 무시하고 평가 경쟁을 위한 획일적인 방식을 강제로 적용한다면 자기주도학습은 물 건너 간 것이지요.

학생이 주도한다는 것은 '엄마표' 커리큘럼이나 특정 교육 프로그램이 주도하는 게 아니라는 겁니다. 학생의 흥미와 호기심에서 출발하여 시행착오를 통해 자기의 적성에 맞는 방법을 찾고, 그 방법을 연습하는 과정에서 적응력을 기르는 데 충실해야 한다는 것이지요.

마지막으로 협동학습이란 무엇일까요? 가정에서는 부모와 같은 편에 서서 격려와 협력을 통해 공부하고, 학교에서는 교사 그리고 친구들과 서로 의지하고 도움을 주고받으며 공부하는 것이 협동학습입니다. 집에서 엄마와 싸우고 학교에서는 선생님과 마찰하고 친구들과는 이기적으로 경쟁하던 기존의 삶에서 벗어나야 합니다.

사실 학교가 건강하게 살아나면 자기주도학습을 교내에서도 충분히 진행할 수 있습니다. 공교육이 신뢰받으며 제대로 그 역할을 한다면 학생과 학부모들이 사교육에 의지할 필요가 없고 광고의 유혹과 싸울 필요도 없습니다. 공교육을 제대로 혁신시켜야 하는 이유가 여기에 있겠지요. 현재 활발하게 발전해나가고 있는 혁신학교들이 그 혁신의 선봉에 서 있습니다. 자기주도학습 원리에 기반한 교육체계를 갖추어나가고 있지요. 아주 현실적이고 구체적인 희망이 이미 우리 가까이에 와 있는 것입니다.

이제 다시 시작이다

지금까지의 내용을 바탕으로 우리 아이들을 새롭게 해석해봅시다. 일단 공부 '안 하는' 아이에 대해 미움을 느끼는 충동을 내려놓고 공부에 대한 흥미가 떨어진 이유가 무엇인지, 어떤 부작용을 겪고 있는 건 아닌지, 관계에 심각한 문제가 생겨 본능적으로 스트레스를 푸는 과정에 있는 건 아닌지 애틋함을 갖고 열린 마음으로 자녀와 대화해야 합니다.

앎은 삶을 위해 존재합니다. 우리가 배운 바를 삶 속에서 실천해내지 않으면 아무 소용이 없어요. 새롭게 배운 자기주도학습의 개념으로 자녀와 생태계를 면밀히 분석해보고 무엇을 고쳐야 하는지 근본적인 부분부터 다시 생각해봅니다. 분명히 병적이고 소모적인 부분들도 많이 안고 있을 것입니다. 그동안 끌고 왔던 잘못된 현실을 제대로 직시하는 것으로부터 시작해봅니다.

아직은 쉽지 않을 것입니다. 적응이 되지 않아 그렇지요. 시행착오와 적응을 위한 연습은 오늘부터 시작됩니다. 건강한 자기주도학습에 적응하는 일 역시 자기주도적으로 진행해야 하는 것이지요. 오늘부터 우리는 다른 삶을 시작할 겁니다. 그리고 마침내 건강한 변화를 이뤄내게 될 것입니다.

이제, 부모로서 살겠습니다

중 3인 아들이 어려서부터 학원만 다니고 시행착오를 경험할 수 없었기에 적응력과 주체성이 떨어지게 되었다는 사실을 알게 되었습니다. 그 잘못을 모르고 주의력 장애가 있나 싶어 병원에 가서 검사도 받고 학습치료 프로그램 상담도 받았지요. 많이 속상하기도 하고 더 강한 치료약을 찾아 헤매던 제 모습이 부끄러웠습니다. 앞으로는 우리 아들이 여러 시행착오와 연습을 통해 본인 스스로 배우는 것에 즐거움을 느끼고 내적으로도 성숙해져서 행복하고 건강한 삶을 살 수 있도록 도와주고 싶습니다.

– bangbang 님

'아이마다 다 다르다. 비법은 없다.'는 말이 가장 마음에 와닿습니다. 우리 아이가 뒤처지지 않을까 하는 조바심으로 저 역시 엄마표 사교육을 하고 있었던 건 아닌지 반성하게 되네요.

– stellasong 님

따뜻한 자극을 일상에 배치하라!

가끔 아이랑 대화를 나누다 보면, 갑자기 아이가 공부도 열심히 안 하는 대역 죄인이라도 된 것같이 느껴질 때가 있습니다. 가만히 분석해보면 조금 전에 옆집 아줌마가 자기 딸을 자랑한 게 배가 아파서 기분이 상해 있었던 건데, 그게 아이를 죄인으로 몰고 가는 결과를 낳게 된 것이지요.

우리의 감정에 대해 다시 생각해보게 하는 재미있는 실험이 있습니다. 황소의 뇌에 회로를 연결해 전기자극을 주면서 황소의 행동 변화를 관찰하는 실험입니다. 황소 뇌에 특정한 자극을 유발하는 장치를 설치하고, 황소가 사람을 향해 화를 내면서 달려드는 순간, 장치를 작동시키는 겁니다. 놀랍게도 황소는 사람을 향해 빠르게 돌진하다가 장치가 작동하는 순간 그대로 멈춰서 돌아가버립니다. 다른 자극이 들어오는 순간, 방금 전까지 화가 났던 것은 간단하게 무시된다는 것이지요.

우리가 아이를 보면서 "쟤가 도대체 언제 자기주도적 학습자가 되려나?" 하고 생각한다면 부정적인 감정이 뜨겁게 올라오면서 화가 날 수도 있겠지요. 그러면 이제 아이가 준비물 하나만 빼먹는 일이 생겨도 한바탕 잔소리가 튀어나오는 겁니다.

하지만 생각해보세요. 황소도 새로운 자극을 받는 순간, 화가 났던 과거의 기억을 무시하고 넘길 수 있었어요. 우리를 여태 지배해왔던 부정적 감정도 건강한 자극을 새롭게 입력해주면 금방 사라질 수 있습니다. 여태까지 우리를 화나게 만들었던 기억에 얽매이지 마세요. 새로운 자극이 들어오면 우리의 감정 반응은 생각보다 훨씬 쉽게 바뀔 수 있습니다. 건강한 자극을 많이 만드는 방향으로 노력해보세요. 짜증만 넘쳤던 지난날로 인한 불안이 눈 녹듯 사라지게 될 겁니다.

어떤 상상을 할 때 기분이 좋아지나요? 많은 부모들이 아이의 어린 시절을 보면서 유쾌함을 느낀다고 합니다. 앨범에 넣어두었던 아이의 어릴 적 사진들, 영상들을 집 안 곳곳에 배치해두면 어떨까요? 식탁에도 놓고 거실에도 놓고 부엌에도 놓고 화장실에도 놓아둔다면 온종일 아이의 귀여운 모습들에 흐뭇한 마음을 품고 있을 수 있지 않을까요? 그 애틋한 마음을 담아 아이를 대한다면 아이도 이를 느끼고 엄마, 아빠에게 마음을 열 겁니다. 또 어떤 방법들이 있을까요? 여러분이 자녀에 대해 따뜻한 감정을 품을 수 있는 자극들, 이번 기회에 샅샅이 찾아서 곳곳에 배치해보세요. 이런 작은 노력들이 일상의 변화를 만들어냅니다.

2강

'행복한 공부' 부모가 먼저 준비한다

"건강하게 잘 자라준 우리 아이. 부모로서 자유롭게 살도록 믿어주고 싶지만, 학부모로서 성적이 떨어질까 간섭하게 됩니다. 부모 삶을 다 바쳐서 관리해줘야 할까요? 아닙니다. 신뢰를 담은 작은 실천들이 아이를 자라나게 합니다."

1 믿는 만큼 성장하는 아이들

그동안 힘드셨지요?

올해 초등학교 5학년이 된 정태는 오늘도 엄마가 정해준 계획에 맞춰 이 학원 저 학원으로 뛰어다닌다. 중간에 떡볶이라도 사 먹고 싶지만 워낙 빈틈없이 짜인 일정이어서 잠깐의 여유도 즐길 수가 없다. 엄마는 날 위해 희생한다고 하는데 내 말 한 번 끝까지 들어준 적 없으면서 도대체 뭐가 날 위해 희생한다는 것인지 이해가 되지 않는다.

정태 엄마는 적금 들 새도 없이 빠져나가는 학원비 때문에 늘 걱정이다. 그래도 발품 팔아가며, 잘나가는 아줌마들 점심 먹여가며 어렵게 찾아낸 학원인지라 아무리 비싸도 믿고 보낼 수밖에. 그런데 아들 녀석은 부모 속도 모르고 이래저래 불만만 많다. 입만 열면 놀 핑계를 대는데 도대체 언제 정신을 차릴지 막막하다. 내 인생도 없이 언제까지 이렇게 지내야 하는지 답답할 때도 있지만 정신 차리지 않으면 뒤처질까 봐 오늘도 아들을 철저히 관리하자 다짐한다.

하지만
이번 장을
읽고 나면!

★ 우월주의에 빠져 아이를 예단하지 않고 성장하고자 하는 아이의 진심과 아이가 가진 잠재력을 믿어주게 됩니다.

★ 아이를 더 이상 의존적으로 키우지 않고 독립적인 인격체로서 존중하게 됩니다.

★ 정보력과 경제력을 위해 부모의 인생을 희생하지 않고 스스로의 삶을 본보기로 보임으로써 자녀를 이끌어가게 됩니다.

나는 어떤 부모인가?

자녀에게 "공부도 못하는 인간쓰레기!"라는 폭언을 일삼는 부모가 있습니다. 그런데 직접 만나 보면 이분도 정상적인 보통 사람이에요. 공부에 있어서만 아이를 죄인 취급하는 학부모가 될 뿐이지요. 아이를 싫어해서일까요? 전혀 그렇지 않습니다. 이분들도 다른 부모들처럼 아이가 성공하기를 바랍니다. 다만 공부 못하는 것을 아이 탓이라 생각하여 아이를 다그치고 나무라면 나아질 거라 여기는 사고방식이 문제였던 것이지요.

여러분은 누구를 탓하고 있나요? 거친 말로 나무라지 않더라도 은연중에 아이를 죄인 취급하는 간수의 마음을 품고 있지 않나요? 어떤 분이 이런 말씀을 전해주더군요. 한 번쯤 마음에 새겨볼 말입니다.

남의 아이도 보지 말고, 자기 아이도 보지 말고, 오직 자신을 바라보자. 자신이 무엇이 되고 싶은지, 무엇을 발전시키고 싶은지 생각하라. 그러면 좋은 부모가 될 것이다.

우리는 지금까지 나무라고 질책하는 방식으로 자녀를 양육해왔습니다. 특히 공부문제에 있어서는 자녀를 대역 죄인 취급하는 경우도 많았지요. 오죽하면 대학 입시에 다시 도전하는 20세 학생을 '죄수생'이라 부르겠습니까?

아이를 변화시켜보겠다는 사고방식을 이제는 부모 자신이 어떻게든 변해야겠다는 사고방식으로 전환해야 합니다. 공부 싫어하는 아이에게 '창피해서 못 살겠다'고 토로하는 부모가 아니라 자신이 어떤 부분을 챙기지 못했기에, 어떤 부분에 잘못 개입했기에 이런 상황이 나왔을지 고민하는 부모가 되어야 합니다.

자랑스러운 부모가 되는 게 먼저다

세상에는 두 가지 부모, 즉 자식을 자랑거리로 만들려는 부모와 자신이 자식의 자랑거리가 되려는 부모가 있습니다. 우리는 많은 세월, 자식을 자랑거리로 만들려는 의도를 품고 열심히 공부하지 않는 아이를 창피하게 여겼습니다. 그런 사고방식이 아이에게 좋은 영향을 끼쳤을 리 없지요. 아무리 아이의 성공을 위해 헌신하고 희생했더라도 자신을 투자의 대상으로 바라보며 수익을 목표하는 부모라면 어느 아이도 거기서 따뜻한 사랑을 느낄 수 없습니다.

이제부터라도 자랑스러운 부모가 되고자 마음먹어야 합니다. 아이에게만 정신 무장을 시킬 게 아니라 우리 어른들이 먼저 훌륭한 부모가 되기 위해 준비해야 합니다. 실제로 자신의 삶을 훌륭하게 살아내는 분들 중에 그 자녀도 훌륭하게 크는 경우가 많습니다. 자식만을 위해 희생하는 분들에게는 굉장히 억울한 일이지요. 이기적으로 자기 삶을 더 챙기는 사람들의 자녀들이 잘 자라다니요! 여기에 우리가 받아들여야 할 불편한 진실이 담겨 있습니다.

아이를 어떻게 키우고 싶은가요? 당연히 자존감 높고 자율적으로 행동하며 스스로 동기부여가 되는 아이를 바라겠지요. 그런데 현실은 어떤가요? 자존심 세고 의존적이며 관리하지 않으면 움직이지 않는 아이로 커버렸지요. 이럴 때 아이를 죄인으로 몰고 가면 안 된다고 앞서 말씀드렸습니다.

아이를 건강하게 성장시키기 위한 부모의 역할은 무엇일까요? 공부만이라도 잘하라고 희생하고 헌신하며 키워놨는데 왜 공부도 못하고 인성도 엉망인 아이가 되어버렸을까요? 단순한 문제가 아니겠지요. 하나하나 제대로 분석해봅시다.

부모 역할 첫 번째, '아이 믿기'

두 아이가 있습니다. 한 아이는 공부에 열중해 있고 한 아이는 엎드려 딴생각을 하고 있습니다. 그런데 공부에 집중하는 아이가 옆집 아이, 옆에서 딴청 피우는 아이가 내 아이예요. 분명히 다른 두 아이를 동시에 놓고 보니까 비교하는 마음이 들기 쉽지요. "우리 애는 왜 저딴 식일까?" 이런 말이 튀어나오나요? 연습하는 차원에서라도 일단 화를 참고 왜 공부에 흥미를 느끼지 못하는지, 내가 어떤 부분을 망쳐놨는지 살펴봐야 합니다.

아이가 딴청을 피운다는 것은 무작정 공부가 싫다기보다 자신의 스트레스 상황에 대한 나름의 대응일 수 있어요. 엄마가 째려본다는 것을 알면서도 딴짓을 한다면 분명히 살펴볼 만한 사정이 있는 것입니다. 어떤 고민에 사로잡혀서 헤매는 중일 수도 있고 지금 공부하는 방식이나 다루는 주제 등이 적성과 흥미에 맞지 않아서 힘들어하는 중일 수도 있어요. 그럴 땐 억지로 공부를 강행할 게 아니라 자기한테 맞는 걸 찾아 집중하도록 하는 게 상책입니다. 바로 이런 식의 생각을 떠올리도록 연습해야 한다는 겁니다.

❶ 나쁘게 태어난 아이는 없다

우리 아이는 왜 매번 이렇게 얄미운 짓만 골라서 하는지 속상한 때가 있을 겁니다. '미운 일곱 살' 같은 우리 아이 안에는 마치 악마가 들어앉아 있는 것 같고, 어떻게든 이걸 통제해야 할 것 같아 불안한 마음도 들지요. 그런데 부모님을 열 받게 하려고 일부러 말썽을 피우는 아이가 있을까요? 이 주제에 대해 재미있는 생각거리를 주는 실험이 있습니다.

'착한 세모, 나쁜 네모' 실험입니다. 동그라미가 산을 올라가려 하는데 세모는 동그라미가 굴러 내려가지 않게 뒤에서 받쳐주고 반대로 네모는 올라오려는 동그라미를 막아서며 아래로 밀어냅니다. 이 장면을 유아들에게 보여주고 네모와 세모 중 하나를 선택하게 했어요. 결과는 어떨까요? 우리 아이가 나 열 받게 할 때를 생각하면 다들 빛의 속도로 사악한 네모를 고를 것 같지요? 아닙니다. 한 명도 빠짐없이 모두 착한 세모를 골랐습니다. 아이들의 마음 안에는 이미 '착하다'는 개념이 자리잡고 있는 것입니다. 그리고 아이들은 이 개념을 좋아해요.

우리 눈에는 아이의 나쁜 모습만 들어올 수 있습니다. 하지만 지금 아이들이 어떤 습관을 가지고 있든 처음부터 그랬던 것은 아닙니다. 누군가가 그렇게 키워놓은 것이지요. 누가 그랬을까요?

착했던 우리 아이를 원수의 아들딸로 키워놓은 것은 다름 아닌 부모입니다. 사랑한다고 해서 제대로 키울 수 있는 것은 아니지요. 사랑한다는 명목 아래 아이를 각종 교육 프로그램들의 생체 실험 대상으로 굴려온 것일 수도 있어요. 자, 지금도 책을 앞에 두고 딴짓하는 아이를 죄인 취급할 건가요? 엄마가 달라지면 아이는 금세 바뀝니다. 원인이 어디에 있는지 다시 한 번 잘 생각해보기 바랍니다.

❷ 감정 조절 연습

아이가 잘못된 행동을 했을 때 참지 못하고 마구 화를 낸 경험이 다들 있을 것입니다. 그 순간 아이와의 관계는 틀어져버립니다. 흔히 있는 일이지요. 우리 뇌가 그렇게 구조화되어 있기 때문입니다. 우리 두뇌에는 이성, 감성, 생명을 관장하는 부분이 나뉘어져 있습니다. 세 가지 기능은 서로 다른 기준에 따라 움직일 수 있기 때문에 내부적인 서열체계를 갖고 있어요. 서로 간의 움직임이 충돌할 때 더 중요한 기준에 따라 움직일 수 있도록 말이지요.

누가 가장 큰 주도권을 가지고 있을까요? 당연히 생명입니다. 어떤 물체가 갑자기 자기를 향해 돌진하면 일단 본능적으로 피한 뒤에 감성적, 이성적 반응이 따라오지요.

두 번째 주도권은 누구에게 있을까요? 이 질문에서 출발한 연구가 있습니다. 두뇌에서 이성을 관장하는 인지중추와 감성을 관장하는 정서중추 중 어떤 부분에 더 많은 힘이 할당되는지를 관찰한 것입니다. 연구 결과, 이성에서 감성으로 신호를 보내는 통로는 두 개, 감성에서 이성으로 신호를 보내는 통로는 아홉 개인 것으로 나타났습니다. 감성이 더 큰 세력을 갖고 있다는 뜻이지요.

즐거운 감정 상태에서의 이성 판단과 우울한 감정 상태에서의 이성 판단은 명확히 다릅니다. 가끔 이렇게 말하지요. "그때는 내가 미쳤었나 봐." 흥분했을 때와 차분할 때의 나를 구분하는 말입니다. 실제 거의 다른 인간이라 해도 될 정도지요. 감성이 그만큼 이성을 좌우한다는 얘기입니다.

그렇다면 아이가 노는 모습을 보고 부정적 감정에 휩싸이면 건강한 이성적 판단을 내릴 수 있을까요? 그렇지 못하겠지요. 아무리 좋게 생각하려 해도 일단 부정적 감정에 지배당하면 제대로 된 판단을 내리기가 힘듭니다. 심지어 아이가 별짓 안 했는데도 내가 우울한 상태라면 아이의 모든 게 그냥 다 짜증나 보일 수도 있어요. 항상 스스로의 감정을 통제하고 조절해야 아이를 객관적으로 볼 수 있고 나아가 긍정적으로 바라볼 수 있습니다.

❸ 희망의 근거, 두뇌 가소성

'부모인 나부터 건강하게 변하자. 그러면 아이도 건강하게 변할 것이다.' 이렇게 기대하면서도 과연 진짜 변할 수 있을지 걱정도 될 것입니다. 아이한테는 이미 못된 습성들이 자리 잡은 것 같고 나 자신은 과연 변할 수 있을지, 집에서 같이 도와줘야 할 남편 혹은 아내 또한 변할지 의심이 갈 수 있어요.

하지만 우리 두뇌는 무궁무진한 변화 가능성을 품고 있습니다. 뇌과학이 발달하면서 새롭게 정리된 개념 중에 '두뇌 가소성 이론'이 있지요. 이 개념이 우리에게 어떤 희망을 선사할지 잠시 살펴보겠습니다.

손가락이 하나 잘린 원숭이가 있습니다. 아마 잘린 손가락 부위와 연결된 뇌 부위는 기능을 멈췄겠지요. 담당하던 신체 부위가 사라져 더 이상 자극이 들어오지 않으니까요. 그럼 잘린 손가락 부위를 담당하던 뇌 부위는 이제 영영 사용하지 못할까요? 실험을 해봤습니다. 바늘로 손가락을 콕콕 찌르면서 어떤 뇌 부위가 활성화되는지 살펴본 것이지요. 잘린 손가락 부위를 담당하던 부분이 혹시 활성화되는지 관찰한 것입니다.

놀랍게도 잘린 손가락을 담당하던 뇌 부위가 다른 자극들에 반응을 보였습니다. 담당 구역을 바꿔 활동을 재개한 것이지요. 이 연구 결과로 그동안 뇌의 특정 영역이 신체의 특정 부분을 고정적으로 담당한다고 주장한 국재설은 뒤집히게 되었습니다. 이 연구는 학습에 있어서도 발전 가능성이 무한하다는 주장의 과학적 근거가 되었고 '두뇌 가소성 이론'이라는 이름으로 지금까지 희망적인 연구들을 지속적으로 축적해나가고 있습니다.

두뇌는 무궁무진한 발전 가능성을 갖고 있어요. 아인슈타인 같은 천재의 뇌만 그런 게 아니라 대부분의 정상적인 뇌는 모두 이런 천재 수준의 잠재력을 품고 있습니다. 프레데릭 링컨이라는 아이는 엄마 뱃속에서 뇌졸중에 걸려 두뇌의 1/4이 죽은 뇌성마비 아동으로 태어났지만 두뇌 가소성 이론에 기반한 다양한 치료를 통해 5~6세급 야구 올스타 게임에서 타격왕 및 최우수선수상을 수상했어요. 정상 두뇌를 갖고 태어난 우리 아이의 잠재력이 얼마나 될지는 짐작도 할 수 없을 정도지요.

❹ '어른 우월주의'에서 벗어나기

우리 아이가 나중에 커서 세계적 석학 수준의 능력을 갖추게 될 것이고 이를 미리 알고 있다면 어떨까요? 어렸을 때 아무리 장난을 치고 사고를 쳐도 "역시 크게 될 놈이라 사고도 제대로 치네!"라고 반응하겠지요.

우리는 지금 아이를 못 믿어도 너무 못 믿습니다. 그래서 무엇이든 부모가 해주면서 관리하지 않으면 망가질 것이라 생각합니다. 여기에는 '어른 우월주의'가 깔려 있습니다. 어른들이 아이에 대해 모든 면에서 우월하다고 생각하는 것입니다. 하지만 앞서 살펴봤듯 어린아이도 선과 악을 구분하고 선의를 선호합니다. 지적, 도덕적 존재로서 충분히 자기 흥미를 따라 주체적으로 학습활동을 이끌어 나갈 수 있어요. 어른들이 아이들을 무능하고 연약한 존재로 판단해서 사사건건 과도하게 개입하는 게 문제지요. 이제 어른 우월주의에서 탈피할 때가 되었습니다. 아이들에게 마땅히 받았어야 했을 존중감을 돌려주세요.

⑤ 비교가 아이를 망친다

집집마다 대가족을 이루고 이웃 간에 형제처럼 살던 시절에는 아이를 서로 비교하는 분위기 자체가 없었습니다. 그런데 핵가족 단위의 단절된 개인주의 문화 속에서 아이도 하나 혹은 둘 정도만 낳아 금이야 옥이야 키우는 지금은 내 아이가 네 아이보다 얼마나 잘나고 못났는지를 아주 치밀하게 비교하지요.

우리는 이러한 환경 속에서 마음을 다스려야 하는 상황에 처해 있습니다. 이와 같은 현실적 조건을 겸손하게 받아들여야 앞으로 한발 내딛을 수 있습니다.

부모 역할 두 번째, '거리 두기'

다음으로 살펴봐야 할 문제는 관계의 문제입니다. 부모교육을 통해 섣불리 간섭하면 안 된다는 것을 배운 어머니도 막상 현실 속으로 들어오면 사사건건 간섭하게 되고 그로 인해 아이와의 관계가 나빠진다고 낙담하는 경우가 많습니다.

아이 일에 사사건건 간섭한다고 해서 뭐가 좋아지나요? 교육적으로 효과가 있나요? 어렸을 때부터 엄마가 잔소리를 심하게 한 덕분에 내 인성이 바르게 컸다고 느끼는 사람이 있을까요? 그 내용이 아무리 주옥같아도 듣는 사람이 잔소리로 받아들이는 이상 건강한 효과는커녕 오히려 부정적인 영향을 미치는 경우가 대부분이에요.

또 간섭에 따르는 부담에 대해서도 생각해보세요. 어떤 의도로 접근했든 일단 간섭이 이뤄진 후의 광경이 어떤가요? 아이는 위축

되고 부모는 짜증 나고 서로 간에 서먹한 분위기가 맴돌지요. 아이가 고분고분 말을 듣는 것 같아도 사실 더 혼나기 싫어 일단 대답하고 넘기는 경우도 대단히 많을 것입니다.

이래라저래라 하는 것은 어떤 측면에서도 별로 좋지 않습니다. 그런데 우리는 여전히 이 나쁜 관습을 이어오고 있지요. 옆집 아줌마들이 매라도 써서 아이를 다스려야 한다고 부추기는 측면도 있고요. 하지만 간섭하는 방법만이 답일까요? 절대 아닙니다. 이래라저래라 하지 않고도 건강한 부모 역할을 충실히 수행할 방법은 얼마든지 있습니다. 구체적인 방법을 알고 싶다고요? 아직 기다리세요. 수순을 지켜가지 않으면 어떤 첨단기술을 동원한다 해도 별로 소용이 없습니다.

❶ 부모의 마음이 공허해지면 그 자리로 아이가 들어온다

신문기사에 가끔 엄마들의 한탄이 나오지요. 딸을 위해 인생을 바쳤는데 딸은 자기 때문에 숨 막혀 한다고요.

먼저 이런 부모들은 자녀를 독립된 인격으로 존중하기보다 자녀를 지배하고 있는 것일 수 있습니다. 스스로는 자녀를 위해 헌신한다고 생각하지만 정작 아이는 커가면서 자기는 꼭두각시가 아니라며 항의하는 경우가 많아요.

아니면 자녀를 자기희생의 보상물로 간주하는 것일 수 있습니다. "내가 이렇게까지 해주는데 나중에 알아서 효도하겠지." 하는 보상심리가 작동하는 것이지요.

또 아이를 자기만족의 수단으로 삼는 것일 수 있습니다. 부모로서의 역할만 있고 자기 자신의 삶이 없는 부모들이 많지요. 그러다 보니 아이의 삶을 자신의 삶과 동일시하게 됩니다. 아이의 인생이 내 인생인 것입니다.

이렇게 자기 삶이 공허한 부모는 자녀의 삶을 구속하고 지배하려 하지요. 그러다 아이가 독립적으로 행동하려 하면 마음에 상처를 받고 불안해집니다. 자연히 자녀에게 자기주도학습 또한 가르칠 수 없는 상태가 되어버리는 것입니다. 자녀가 자기주도적으로 부모의 간섭 없이 다양한 시도를 하는 것 자체가 이 부모에게는 받아들이기 힘든 상황이 될 테니까요.

부모의 삶이 공허하면 자녀는 자기주도적으로 살기가 어렵습니다. 먼저 부모의 삶부터 풍요롭게 채워야 하겠습니다.

❷ 아이를 독립된 인격체로 존중하자

우리나라에 처음 정착된 현대식 학교는 일제강점기에 탄생했습니다. 식민 지배를 효과적으로 운영하기 위한 교육과정을 가르치려 학교를 만들었지요. 목적이 이렇다 보니 우리 국민을 진정으로 발전시키는 교육이 아니라 말 잘 듣는 피지배 민족을 만들기 위한 사육이 되었고 그 체제의 잔재는 지금의 학교에까지 남아 있습니다. 배우는 내용에 대해 쓸데없이 의문을 품지 말고 교과내용을 그저 기계적으로 암기하며 권위에 복종하는 소시민을 만들어내고자 하는 문화가 아직까지 이어져 내려오고 있는 것입니다.

시선을 바꿔 핀란드로 오면 분위기는 전혀 달라집니다. 핀란드에서는 기본적으로 '다름'을 존중합니다. 아이를 독립된 인격체로 대하고 선생님과 학생이 서로를 존중하고 배려하지요. 이런 학교 문화를 갖고 있는 핀란드 가정은 어떨까요? 아이들을 무시하며 아이 삶을 지배하려 할까요? 전혀 그렇지 않겠지요.

다행히 우리나라 학교도 혁신적으로 바뀌고 있습니다. 모범이 되는 학교 중 남한산초등학교가 있어요. 그 학교 졸업생 몇 명이 모여 자기네들이 남한산초등학교에서 무엇을 배웠는지에 대해 진지하게 토론한 내용을 엮은 책도 출간되었는데, 그 내용 중 인상 깊은 대목을 짧게 소개합니다.

> 경쟁보다 협력이 더 큰 성과를 낳고 더불어 행복하다는 사실을 몸으로 체득하게 해주었다. 경쟁 대신 배려를 배웠다. 그것은 상대방을 인정하고 나 또한 존중받는 것이다. 여유를 가지는 법, 조급해하지 않는 법, 함께하는 것, 배려하는 것, 포용하는 것, 자연을 느끼고 소중히 하는 법, 그리고 즐겁게 지내는 것. 이런 것들을 배우고 학교 밖으로 나왔다.
>
> 《학교 바꾸기 그 후 12년》, 권새봄 외 6인, 맘에 드림

이 아이들도 나중에 부모가 되겠지요. 핀란드의 학교 및 가정의 건강한 모습을 닮은 가정이 한국에도 만들어지는 것입니다. 하지만 여러분이 노력하면 우리 가정에서부터 건강한 가족 문화가 되살아날 수 있겠지요?

❸ 자녀가 자라는 만큼 관계도 발전해야 한다

가치관을 바꾸는 것은 말처럼 쉽지 않습니다. 그건 그렇다 치더

라도 기존 가치관을 객관적으로 바라보며 타당성을 따져볼 기회는 있었나요? 다음의 두 지문을 비교하면서 읽어봅시다.

좋은 대학 가는 것보다 다른 사람에게 도움이 되고 덕망을 갖춘 사람이 되는 게 먼저입니다. … 아이들은 함께 가정을 꾸려가는 파트너입니다. … 공부하라는 말 대신 공부하자고 말했습니다.

《엘리트보다는 사람이 되어라》, 전혜성, 중앙북스

최상위권 성적대로 올라가고 싶다면 본인이 물리적으로 공부할 수 있는 시간을 최대치로 확보하는 것이 급선무다. 물론 이 시간을 꽉 채워 공부하는 것은 결코 쉽지 않은 일이다. 특히 공부 습관이 아직 형성되지 않은 아이들에게는 더더욱 그렇다. 그런 아이들은 공부시간의 증가를 우선적인 목표로 삼아야 한다. 계획을 짜든 즉흥적이든 처음에는 방법적인 문제가 그리 중요하지 않다. 공부 자체를 더 많이 함으로써 공부에 적응하고 공부의 최대치를 찾는 일이 먼저다.

《내 아이가 갈 수 있는 최고의 대학》, 박소형·민성원, 예담friend

서로 다른 가치관의 충돌이 느껴지나요? 여기서 우리가 주요하게 생각해볼 지점을 정리해보겠습니다.

첫 번째, 교육적 효과입니다. 아래 책에서는 아이를 최상위권으로 보내고 싶다는 부모의 욕망을 강하게 자극하지요. 현실적으로 부모에게 이런 욕망이 없을 수는 없습니다. 하지만 이런 욕망이 아이에게 미치게 될 영향을 생각해보세요.

반면 《엘리트보다는 사람이 되어라》의 구절은 조금 밋밋합니다. 성적보다 인격을 강조하고 있어요. 당장의 성적이 불안할 수 있지만 이런 방향이 아이에게 어떤 영향을 미칠지 생각해보세요. 인성을 우선시하는 가정의 아이가 결국 훌륭한 사람이 되겠다는 이타적 동기를 갖고 학습에 열중하게 되지 않을까요?

다음으로 살펴볼 지점은 획일성입니다. 아래 책에서는 공부시간이라는 획일적 기준을 갖고 아이에게 노력을 강요하고 있어요. 어떤 방법으로든 일단 공부시간을 최대한 확보하라고 말하지요. 이런 식으로 밀어붙이면 성공할까요? 물론 통계적으로 성공하는 아이들이 소수 있습니다. 그 아이들은 영웅이 되고 나머지 대부분은 '공부 안 한 나쁜 놈들'이 되지요. 그래서 학생 대부분의 마음속에는 항상 최선을 다하고 있지 못하다는 죄의식이 있어요. 잠시 잠깐 놀면서도 편하지가 않지요.

하지만 내 아이에게 맞는 경로는 따로 있을 수 있습니다. 앉아서 열 몇 시간 동안 문제집을 풀어야만 성공하는 것은 아닐 거예요. 우리 사회에 성공한 사람들을 둘러보세요. 공부로 성공한 사람만 있지 않습니다. 그런데 왜 일단 공부로, 그것도 공부시간을 기준으로 대부분의 아이들을 '나쁜 놈'으로 만드나요?

마지막으로 살펴볼 지점은 엄마 주도성입니다. 아이를 관리·통제의 대상으로 대하면서 아이의 공부를 감독하는 관계는 일단 건강하지 않을뿐더러 사춘기 때 반드시 갈등이 빚어질 수밖에 없는 관계입니다. 가족 관계도 발달의 과정 중에 있습니다. 아이가 어렸을 때

효과를 보았던 방식을 언제까지나 적용하면 안 되지요. 아이가 자라면 아이와의 관계 또한 함께 발전해야 합니다. 아이를 가정을 꾸려나가는 파트너로서 존중해보세요. 이런 가정에서 자라는 아이들이 과연 사춘기가 되었다고 해서 부모에게 무조건적 악감정을 품을까요? 그렇지 않겠지요.

부모 역할 세 번째, '중심 잡기'

이번에는 '역할의 문제'입니다. 우리는 대부분 부모의 힘이 경제력과 정보력에 있다고 봅니다. 그래서 어떻게든 강남에서 아이를 키워야 한다고 생각하는 분들도 많아요. 치열한 교육열에 힘입어 강남 아이들이 평균적으로 우수한 학업성취도를 보이는 것도 사실입니다.

하지만 산골 동네 작은 학교에서 전국 수석이 꾸준히 나오고 있어요. 이곳의 부모는 대부분 생계를 위한 일에 바빠 아이의 학습을 관리하는 경우가 거의 없습니다. 그저 몸 건강하게 자라기만을 바라는 분들이 대부분이에요. 과연 아빠의 경제력과 엄마의 정보력만이 올바른 부모의 조건일까요? 이는 우리 사회가 지닌 커다란 착각일 뿐입니다.

❶ 부모의 정보력과 경제력, 때론 독이 된다

부모가 자기 삶을 희생해가며 지원하는 경제력과 정보력이 아이에게 오히려 독으로 작용할 수 있다면? 수년간 고생한 내 노력이 아이의 성장을 방해할 수 있다니 청천벽력 같겠지요.

하지만 가만히 생각해보세요. 지금의 교육 문화 안에서 경제력과 정보력은 입시 당사자인 학생들에 대한 하나의 권력이 됩니다. 부모가 뭘 해야 될지 알고 그걸 구매해줄 수 있는 능력이 있으니 아이는 철저하게 부모의 힘에 의존하는 객체로 전락한 것이지요. 자기주도성을 키워주는 길과 정반대 방향으로 걸어온 것입니다.

물론 지금의 입시에서 경제력과 정보력이 중요하지 않다는 것은 아닙니다. 20년 전, 10년 전과 비교해봤을 때 혼란스러운 입시제도 속에서 정보력의 역할 그리고 사교육 중심의 교육환경에서 경제력이 갖는 역할은 결코 무시될 수 없는 부분입니다. 아이와 건강한 관계를 유지하는 선 안에서는 정보력과 경제력이 긍정적으로 작용하는 측면도 있고요.

하지만 학원은 엄마가 보내더라도 공부는 아이가 합니다. 실제로는 부모가 정성을 쏟고 희생할수록 오히려 아이와의 관계가 망가지는 것은 물론 아이의 자기주도적 학습능력 또한 철저히 파괴돼왔다는 게 처절한 현실일 수 있습니다.

❷ 가르치는 대신 보여주기

폭우가 쏟아지던 어느 날, 비를 피하기 위해 건물로 들어가려던 사람이 있었습니다. 안으로 들어가려고 문을 열었는데 그게 하필 변압기였어요. 이분은 그때의 감전 사고로 두 팔을 잃었습니다. 자식이 이런 사고를 당하고 돌아왔을 때 부모는 어떻게 아이를 간호했을까요? 보통의 부모라면 하루 종일 1년 내내 병상을 지키며 격려하고, 울고, 병 수발을 들었을 테지요. 그런데 이분의 부모는 달랐어요. 자신이 먼저 희망을 향해 몸을 내딛는 과정을 몸소 보여주었습니다. 그동안 몇 번 도전하다 포기한 자격증 공부를 다시 시작하며 절망 대신 희망에 힘을 쏟는 모습을 매일 보여준 것입니다.

아이를 어떻게 이끌어야 할까요? 눈치 주고 혼내며 억지로 밀어붙이는 대신 아이 앞에서 손수 모범이 될 만한 삶의 모습을 보여주면 어떨까요? 아이는 희망을 향한 어머니의 몸짓에 감동을 느낄 것이고 그 속에서 자연스럽게 건강한 삶의 태도를 배울 것입니다. 우리가 지향해야 하는 부모의 역할은 여기에 더 가깝지 않을까요?

❸ 유해환경으로부터 벗어나기

부모 역할에 대해 고민할 때 중요하게 생각해볼 영역 중 한 가지는 아이의 양육환경입니다.

게임 중독에 걸린 황모 군을 돕기 위해 아버지가 내린 결정은 '자연'이었습니다. 컴퓨터, 스마트폰 등에 중독된 아이를 데리고 시골로 내려가 다슬기, 물고기를 잡으며 놀게 한 것이지요. 아이는 점점 자연과 함께하는 삶에 매력을 느끼며 서서히 게임을 줄여나갈 수 있었고 결국 고졸 검정시험에 최연소로 합격할 수 있었습니다.

다이어트를 하려면 일단 불필요한 식탐의 유혹에서 멀어져야 하는 게 기본입니다. 그런데 우리 아이들이 자라나는 환경 속에 있는 수많은 유해환경은 왜 그대로 방치하나요? 그러고는 왜 아이더러 참으라고만 하나요?

불필요한 유혹들과 쓸데없이 마주치지 않는 환경을 만드세요. 아이의 행동은 아이가 생활하고 관계 맺는 환경에서 비롯됩니다. 인간은 환경에 적응하는 동물이에요. 건강한 환경을 만들어주면 그만큼 훌륭하게 자랄 가능성이 높아집니다.

이제, 부모로서 살겠습니다

사실 아이의 행동을 간섭하여 자율을 박탈하고 나에게 의존하게 했으며, 기대에 못 미치면 아이를 다그치는 일이 많았습니다. 그렇게 하면 아이가 잘될 것이라 믿었죠. 지금은 그동안 잘못 알았던 것들을 조금씩 바꿔나가고 있습니다. 열심히 부모교육 강의를 듣고 있으면 아이들이 "엄마 뭐 해요?" 하고 물어봅니다. 그럼 저는 "너희들을 더 사랑하는 방법을 공부하고 있어!" 하고 대답합니다. 아이들이 웃으며 좋아하니 정말 행복하네요.

– 재형맘 님

우리 아들은 올해 초등 4학년입니다. 중앙에서 스포트라이트를 받고 선두에서 무리를 이끄는 사람이 되길 원하는 엄마의 욕심을 감당하지 못해 아들이 얼마나 힘들었을까요? 중앙이나 선두보다는 그저 묵묵히 자신의 책임을 다하는 아이이길 원했던 아이가 얼마나 힘들었을지 생각하니 정말로 정말로 정말로 미안해집니다.

– 만두짱 님

2 작은 실천이 상상을 현실로 만든다

그동안 힘드셨지요?

중학생 다정이네 엄마는 부모교육에 열심히 참여하는 노력파다. 디스크 검사, 애니어그램, 소아정신과 상담, 각종 교육 캠프 등 발품을 팔며 정보를 모으고 무엇이 아이에게 최선의 길이 될지 늘 고민한다. 하지만 돈을 더 써야 하고 내가 더 뛰어다녀야 하는 것으로 결론이 나기 때문에 하루도 두 발 뻗고 편히 눈 감은 적이 없다.

게다가 여태 배운 것은 많은데 실제로 내 아이를 마주하면 그동안 배운 내용 중 무엇을 써야 할지 떠오르지도 않고 막상 떠올랐다 해도 이미 충동적으로 올라오는 화를 다스리지 못해 매번 잔소리부터 하게 된다. 정신을 차리고 보면 아이는 자기 방에 박혀 나올 생각도 안 한다. 뒤늦게 사과를 하려고 해도 아이가 진심을 받아줄 리 없다. 도대체 지식은 늘어가는데 왜 현실은 그다지 바뀌는 게 없는지 답답하기만 하다.

하지만 이번 장을 읽고 나면!

★ 아무리 배워도 현실 속에서는 막막하기만 했던 지난날과 달리 가볍게 도전할 수 있는 일상 속 작은 실천으로 새로운 희망을 펼쳐나가게 됩니다.

★ 부정적 현실에 찌들어 무기력하게 낙담하던 지난날과 달리 뿌듯한 상상을 통해 즐거운 마음으로 아이와 공감할 수 있게 됩니다.

비교하지 말고 내 적성을 따라가자

> 콤플렉스는 무엇이 모자라거나 넘치는 외적 조건보다 더 깊숙하게, 우리의 의식과 무의식을 휘두른다. 과거의 아픈 기억, 현재의 해결되지 않은 상황, 미래에 대한 걱정, 마음과 몸의 불편한 조건들과 연결되기도 한다. … 그중에서도 가장 심각한 것이 남과 비교하며 만들어가는 병적인 질투심 … 기왕이면 앞서가야 한다, 남보다 뒤처지지 말아야 한다는 강박증이다.
>
> 《한국 사회와 그 적들》, 이나미, 추수밭

한국 사회에 대한 흥미로운 통찰입니다. 한국 사회가 특히 남과 비교하는 데서 콤플렉스 의식을 갖고 있다 보니까 요새 우리나라의 중산층 기준은 부동산 몇 평, 통장 잔액 얼마 등으로 평가되고 있어요. 다룰 줄 아는 악기가 있어야 한다는 프랑스의 기준이나 의리를 지키고 도의를 어기지 말아야 한다는 조선시대 기준과는 전혀 다른 모습이지요. 지금의 한국은 물질을 넘어서는 가치에 대한 고민이 사라진 시대가 되었습니다.

이에 이나미 교수는 '개성화'를 추구할 필요가 있다고 말합니다. 이 교수에 따르면 개성화란 "주변 상황이나 집단적인 흐름 또는 대세에 동조하기보다는 자신이 무엇을 원하는지 관심을 갖고, 자기 내부에서 우러나오는 진정한 가치대로 사는 것"입니다. 또한 개성화는 주변에 대한 관심, 타자에 대한 배려로부터 시작된다고 말합니다. 자기 적성과 흥미에 맞고 보람을 느끼는 일에 집중하는 삶을 살려면 자기 주변에 대한 따뜻한 관심으로 새 삶을 시작해보라고 권유하고 있는 것이지요.

아이가 공부만 잘하면 된다는 단순하고도 이기적인 마음 때문에 대한민국 가정은 그동안 참 많은 문제를 겪어왔습니다. 이제 조금 다른 방향 즉 이웃에 대해 따뜻한 마음을 갖고 부모 자식 간에 협력하며 함께 노력해나가는 방식에 대해 고민할 때가 왔습니다.

양과 늑대가 싸우면 누가 이길까?

우리 마음속에서는 양 같은 마음과 늑대 같은 마음이 서로 싸운다고 합니다. 둘 중 누가 이길까요? 늑대가 사나운 육식동물이니까 무조건 이길까요? 인디언 속담에 따르면 주인이 먹이를 더 많이 주는 쪽이 이긴다고 합니다. 이기적 동기로 살아갈지 이타적 동기로 살아갈지 혹은 엄마 주도로 갈지 아이 주도로 갈지 등은 우리가 어떤 쪽으로 마음을 먹느냐에 따라 달라집니다.

실제로 우리 두뇌는 홀로그램과 같다고 합니다. 보는 각도에 따라 보이는 모습이 달라질 수 있다는 것이지요. 따라서 같은 상황도 보는 관점에 따라 전혀 다르게 해석할 수 있고 이에 따라 새로운 해결책으로 희망을 찾을 수도 있습니다.

우리가 여태까지 지녀온 심리적 압박이 이미 습관이 되고 이를 끊임없이 재생산한 사회환경 속에 계속 살아간다 해도 우리가 환경을 다르게 해석하고 다른 관점에서 새 희망을 향해 나아갈 때 비로소 우리 삶이 변화될 수 있겠지요. 하지만 어느 날 갑자기 모든 게 달라지지는 않습니다. 조금씩 작은 도전들을 시도해보며 작은 성공들을 쌓아나가다 보면 언젠가 다른 세계에 살고 있다는 것을 느낄 수 있게 될 것입니다.

학습된 무기력을 기분 좋은 상상으로 이겨내자

> 우울한 사람의 입장에서 보면, 현재가 행복하지 않기 때문에 미래를 상상하면서 행복해질 것이라고 예측하는 것은 당연히 어려운 일이다. 현재의 감정이 미래에 대한 상상을 지배해, 내일은 행복할 것이라고 믿는 것이 이들에게는 결코 쉽지 않다.
>
> 《행복에 걸려 비틀거리다》, 대니얼 길버트, 서은국·최인철·김미정 공역, 김영사

《행복에 걸려 비틀거리다》라는 책의 한 대목입니다. 한 번 부정적인 감정에 휩싸이면 긍정적으로 생각하기 힘들어집니다. 특히 부정적 정서에 습관적으로 지배당하면 희망을 가질 수 있는 여지가 남아 있어도 무조건적인 비관 상태에 빠져 무기력하게 시간만 보낼 수도 있어요. 이를 '학습된 무기력 상태'라고 부릅니다. 자기가 공부를 못한다고 판단하는 아이 그리고 자녀와 잘 지낼 수 없다고 비관하는 부모는 학습된 무기력 상태에 빠진 경우가 대부분이에요.

여기서 학습된 무기력에 빠지게 만든 원리를 반대로 이용하는 지혜가 필요합니다. 우리 아이가 완벽한 자기주도적 학습자가 될 수 있고 아이와의 관계도 건강하게 회복될 수 있다고 상상해보는 것이지요. 이런 상상을 의도적으로 반복하면 두뇌가 이를 현실로 혼동해 그 일이 실제 벌어진 것 같은 기분을 느끼게 합니다. 이런 상황에서 아이와 마주치면 부모의 즐거운 마음이 아이에게도 전달되고 긍정적 자극을 받은 아이도 더불어 즐거운 마음을 갖게 됩니다.

부정적 상황에 대한 객관적 인식으로는 충분하지 않아요. 의지만으로 난관을 타개하려면 엄청난 노력이 필요합니다. 하지만 기분 좋은 상상으로 긍정적 마음 상태를 유지하면 훨씬 부드럽고 쉽게 희망을 실현해나갈 수 있어요. 상상은 의지보다 강합니다. 그동안 아이가 나를 기쁘게 했던 순간들을 적어보고 이를 반복적으로 재현하면서 즐거운 상상을 즐겨보는 것도 좋아요. 그 마음은 아이에게도 전달될 것이고 결국 상상이 현실을 바꿔놓을 겁니다.

개념 바로잡기

★ 자녀교육과 관련된 오개념은 부모의 일상 언어 속에 늘 반복되기 때문에 치밀한 의식적 노력 없이는 고치기가 힘듭니다. 일상 속에서부터 잘못된 표현들을 건강한 단어로 바꿔 사용해보세요.

1. 기다린다 → 준비한다

: 기다린다는 표현 속에는 이미 '답답하지만 참는다'는 의미가 담겨 있어요. 아무리 좋은 마음을 가져도 이미 마음속에서는 조금씩 울화통이 치민다는 것이지요. 결국에는 "참을 만큼 참았어!" 하고 터져나옵니다. 하지만 우리 아이가 성장을 위한 준비과정 중에 있다고 생각하면 어떤가요? 느낌이 많이 달라지죠?

2. 방치한다 → 기회를 준다

: 방치한다는 말은 주로 옆집 아주머니들이 많이 하지요. 아이가 스스로 시행착오를 겪다 보면 넘어지기도 하고 갈팡질팡 혼선을 빚기도 하는 게 당연합니다. 자연스러운 과정이지요. 자기주도학습에 있어 스스로 성장할 수 있는 기회를 갖는 것은 기본 중의 기본입니다.

3. 선행학습 → 대충학습

: 학원가의 선행학습은 상위 학기 혹은 상위 학년의 진도를 빠른 시간 안에 진행하기 때문에 현재 자기의 준비 상태보다 어려운 진도를 속성으로 소화해야 할 수밖에 없어요. 진도가 빠르기 때문에 개념 하나, 문제 하나를 충분히 생각하고 연습할 여유가 없지요. 결과적으로 '대충'학습이 될 수밖에 없습니다.

성공에 이르는 과정

성공이란 무엇인가에 대한 연구는 인류 역사와 거의 맥을 같이 할 정도로 오래된 주제입니다. 그만큼 성공에 대한 개념에 대해서도 다양한 정의가 있을 수 있는데, 여기서는 우리가 성공을 생각할 때 떠올릴 수 있는 하위개념 중 하나인 '긍정적 변화'에 대해 주목할 만한 개념을 하나 공유하고자 합니다.

〈긍정적 변화〉

1. 무의식적 비숙련 단계(Unconsciously unskilled)
2. 의식적 비숙련 단계(Consciously unskilled)
3. 의식적 숙련 단계(Consciously skilled)
4. 무의식적 숙련 단계(Unconsciously skilled)

무의식적 비숙련 단계는 사회가 나에게 심어준 개념에 대해 특별한 의도적 변화를 꾀하지 않고 주어진 틀로 자기 세계를 해석하면서 살아가고 있는 단계를 말합니다. 그냥저냥 별 고민 없이 살아가는 겁니다. 이 단계에 머무른 사람이 고집을 부리면 누군가가 개념의 변화를 이야기해도 동요하지 않는 '꽉 막힌' 사람이 되는 것이지요. 또 이런 사람은 자기 신념의 변화를 염두에 두지 않기 때문에 자신의 감정 상태를 자기 자신과 동일시해요. 그래서 누군가 자신이 믿고 있는 부분을 부정하면 크게 흥분해서 싸우기도 하지요.

그러다 새로운 깨달음을 얻고 가치관을 바꾸고자 노력하기 시작하는 순간 이제 의식적 비숙련 단계로 들어서게 됩니다. 새로운 관점에 대해 의식하고 있지만 숙련되지 않아서 애를 먹고 있는 상태인 것입니다. 머릿속에서는 '잔소리하지 말아야지!' 하면서도 이미 가슴속에서는 울화통이 터지고 있는 상황이 딱 여기에 해당됩니다.

보통 이 두 번째 단계에서 많은 좌절감을 느낍니다. 하지만 전혀 그럴 필요가 없어요. 이 단계는 우리 두뇌가 변화하는 자연스러운 과정입니다. 의식적 비숙련 단계를 거치지 않고 한 방에 변화가 일어나는 경우는 없어요. 그게 가능하다고 한다면 과장광고 마케팅이 분명합니다. 이 단계를 자연스러운 과정으로 받아들이세요. 여기서 느낀 충돌과 갈등에서 얻은 교훈을 통해 점차 3단계로 접어들게 되는 겁니다.

이제 3단계인 의식적 숙련 단계로 들어서게 되면 상황이 많이 나아집니다. 잔소리를 하지 말아야 한다는 것을 끊임없이 명심하고 나니까 실제로 잔소리를 안 하게 되는 마음 상태를 갖게 되는 단계지요. 이 단계에서 지속적인 노력을 기울이면 다음의 마지막 단계로 넘어갈 수 있는데, 여기서 깜빡 잘못하면 2단계로 후퇴해버리는 수가 있으니 항상 조심해야 합니다. 이 단계는 어디까지나 '의식적 노력'이 계속되어야 원하는 상태를 유지할 수 있는 수준입니다. 행동 자체가 많이 나아져 기분은 좋은데 정신적으로는 끊임없이 노력해야 하므로 상당히 피곤한 상태입니다. 그래도 조금만 더 숙련되면 마지막 단계로 넘어갈 수 있으니 희망을 갖고 훈련을 즐겨야겠지요.

드디어 마지막 단계인 무의식적 숙련 단계까지 오면 이제 3단계에서 피땀 흘리며 버틴 성과를 누릴 수 있습니다. 의식적 노력 없이도 원하는 상태를 이미 수행하고 있는 단계에 이르게 되지요. 이 단계에 들어서면 소위 '새로운 세계'가 열립니다. 원하는 이성적·감성적 판단이나 행동을 굳이 의식적으로 검토하지 않고도 그대로 행하는 단계인 만큼 거의 '도인'의 수준이라고 볼 수 있겠지요. 공자가 70세의 나이를 종심이라 부르면서 무엇이든 하고 싶은 대로 하여도 법도에 어긋나지 않는 나이라고 했는데, 특정한 변화에 한해서는 이러한 경지에 들어선 상태라고 보면 됩니다.

'작은 실천', 스몰액션(Small Action)이 답이다

그런데 이런 과정에 대한 지식보다 중요한 것이 바로 실천입니다. 앞에서 설명한 부분은 이해를 돕기 위한 것이지, 저 단계를 일부러 암기할 필요는 없어요. 보통 한국 사람들은 뭘 좀 알아야 실천할 수 있다는 고정관념이 강하지요. 이론을 알아야 실전에 도전할 수 있다는 생각을 가지고 있어요. 그래서 부모 역할 또한 교육을 많이 받고 완전히 숙지한 다음에야 무언가 행동에 옮길 수 있지 않을까 생각하는 분들이 많습니다. 그런데 그런 방식이라면 과연 몇 명이나 실전 단계로 접어들 수 있을까요? 정신 수양을 충분히 해서 거의 열반의 경지에 이르고 난 다음에 무언가를 시작하려고 들면 이미 손자 볼 나이가 되어 있을 겁니다.

다른 책에도 인터넷에도 양육에 대한 정보는 넘쳐납니다. 꼭 알아야 할 것 같은 이론과 프로그램만 해도 엄청나지요. 하지만 지금 부모에게 필요한 것은 이런 정보들이 아닙니다. 간단하고 단순한 방법이라도 실제로 해보는 것이 중요하지요. 그 과정에서 바뀌고 깨닫는 것들이 훨씬 소중합니다.

혼자 공부만 한다고 해결할 수 있는 부모 역할의 문제는 없습니다. 모든 문제는 아이와의 관계 속에서 일상적으로 풀어나가야 하지요. 1강에서도 소개하였고 앞으로도 계속 소개할 스몰액션들이 대부분 '당장의 관계 개선'을 위한 작은 연습들이에요. 손쉽고 간단하게 도전해볼 수 있는 방법들입니다. 책에 소개된 다양한 스몰액션들을 그때그때, 이따가 밥 먹고 나서부터 바로 실천해보기 바랍니다. 당연히 처음엔 서툴러서 실수도 많을 거예요. 그렇다고 좌절하면 안 돼요. 운전 처음 배울 때는 "초보라서 괜찮아!"라고 잘만 생각하던 분들이 가족 관계 개선에 있어서는 초보자의 실수를 받아들이지 못하는 경우가 많아요. 우리가 배우는 부모 역할은 삶의 문제이지 단어 암기 같은 게 아닙니다. 이론적으로 아무리 정교하게 배워도 실전을 위한 연습은 당연히 별도로 훈련해야 제대로 적용할 수 있는 겁니다.

스몰액션이 실패한다고 하더라도 자책할 필요 없습니다. 부모가 열심히 하지 않아서가 아니라 단순히 우리 가정에 안 맞는 방식일 수 있어요. 그러면 기존 방식을 조금 바꿔보거나 다른 방법을 찾아 시도해보면 됩니다. 여기서 벌어지는 수많은 시행착오 속에서 경험과 역량이 쌓이고 결국 우리 가정만의 독특한 개성에 알맞은 방법들을 찾을 수 있게 될 것입니다.

이제, 부모로서 살겠습니다

제가 두려워했던 말은 애를 왜 방치하냐는 것이었습니다. '혹시 여기저기 알아보기 귀찮아 방치하는 거면서 기다린다고 생각하는 건 아닐까?' 하는 생각이 들기도 했지요. 아이가 제 속도대로 공부할 수 있도록 부모가 돕는 것이 방치하는 것이 아니라 믿어주는 것이라는 말씀에 가슴이 뻥 뚫리네요!

– 회복 님

감정을 조절하고 아이가 야단맞을 일인가를 한 번 더 생각하니 야단칠 일이 거의 없어졌습니다. 부모의 욕심을 내려놓고 잔소리 대신 아이의 말에 귀 기울여주니 몇 달 사이 아이와의 관계에 변화가 느껴집니다. 아들은 제 귀에 이 세상에서 엄마가 제일 좋다, 1번으로 좋다는 얘기를 자주 합니다. 저희 집은 하루하루 좋아지고 있습니다. 더욱 노력할게요.

– alloa73 님

아이에게 "엄마가 아들 마음 몰라주고 만날 공부하라고 해서 미안해."라고 했더니 아들이 "전 그래도 엄마가 제 엄마라서 좋아요."라고 말합니다. 부모와 학부모 사이에서 갈팡질팡해 온 엄마인데, 이런 엄마를 두고 무조건 사랑한다는 아들 앞에서 너무 부끄러워집니다. 무조건 믿어주고 사랑해주는 것이 가족이라는 것을 아이에게서 배웁니다.

– 실천 님

• 노 컴플레인 밴드

팔찌를 몇 개 사서 팔찌마다 목표를 정합니다. 그리고 팔에 끼울 때마다 다짐을 돌아보는 실천법입니다. 생활하다가 다짐을 어겼을 경우에는 하고 있던 팔찌를 다른 손에 옮겨 차면서 반성의 시간을 갖습니다. 예를 들어 파랑색 팔찌에 '큰소리로 화내지 말자!'라는 목표를 정했으면 충동적으로 아이에게 소리쳐버렸을 때 팔찌를 다른 쪽으로 옮겨 차며 반성하는 것입니다. 하루에 50번을 화내면 50번이나 팔찌를 옮겨 차면서 50번이나 반성하게 되겠지요. 이렇게 습관적으로 마음을 다잡다 보면 조금씩 행동이 교정될 겁니다. 그러면서 점점 팔찌를 옮기는 횟수가 줄어들겠지요. 자기를 객관적으로 볼 수 있게 해주면서 자기에게 약속한 원칙을 잊지 않게 해주는 방법입니다.

• 1, 3, 10 공식

좋은나무품성학교에서 개발한 1, 3, 10 공식도 감정을 조절하는 데 활용해볼 수 있습니다. 부정적인 감정에 휩싸일 때 먼저 속으로 크게 한 번 '절제.'라고 외칩니다. 그다음 복식호흡으로 세 번 숨을 크게 들이마시고 내쉽니다. 마지막으로 1부터 10까지 천천히 세어 봅니다. 충동적으로 부정적인 감정이 일어나더라도 일단 의식적으로 절제를 외치면서 참는 거예요. 그리고 심호흡으로 심장박동 수를 줄이며 물리적 안정을 되찾고 10초의 시간 동안 서서히 충동이 지나가게 하는 겁니다. 이러고 나면 순간적으로 '정신이 나가는' 상태를 막아낼 수 있겠지요?

• 옐로카드

가족 간에 합의하는 하나의 규칙을 놓고 이를 어길 때마다 상대방이 옐로카드를 드는 방법입니다. 부모 안의 '어른 우월주의'를 다스리며 아이를 문제 해결의 파트너로서 존중하는 의미가 있습니다. 약속을 정하고 지키는 과정 중에 아이는 엄마의 욕심보다 더 큰 원칙이 가정의 질서를 지켜준다는 느낌을 받고 자신의 불만도 상당 부분 풀어낼 수 있습니다. 아이가 그동안 약자로서 마음껏 표출하지 못했던 불만을 옐로카드가 갖고 있는 규칙의 효력을 통해 대변할 수 있도록 하는 것이지요. 엄마 또한 원칙을 지키면서 스스로를 조절할 수 있게 되고 아이에게 자기 욕심대로, 감정대로 막 대하지 않을 수 있게 됩니다.

3강

당신이 힘든 건 당신 탓이 아니다

“두각을 나타내지 못하는 우리 아이, 부모로서는 얼마나 속상할까 안타깝지만, 학부모로서는 경쟁에서 뒤처질까 걱정이 큽니다. 정신 차리게 한바탕 혼을 내야 할까요? 아닙니다. 현실을 제대로 알면, 아이를 미워하지 않을 수 있습니다.”

1 오염된 생태계를 파헤친다

그동안 힘드셨지요?

은정이 엄마는 요즘 죄책감과 좌절감에 휩싸여 밤잠을 설친다. 고등학교 3학년에 재학 중인 딸 은정이와의 관계가 망가질 대로 망가졌기 때문이다. 서로 간에 따뜻한 대화가 오가지 않는 것은 물론 조금이라도 화해의 손길을 내밀어 말을 걸면 공부에 방해되니까 신경 끄라는 차가운 말이 돌아온다. 어릴 때는 순하고 말 잘 듣는 착한 아이였는데 사춘기 시절 이후로는 거의 가족이라고 생각하기도 힘든 삭막한 관계가 되어버렸다.

주변 아줌마들한테 물어보니 수험생은 원래 그렇다면서 그래도 스스로 공부라도 하니 잘된 거 아니냐고 한다. 좋다는 길 찾아가며 열심히 노력했을 뿐인데 왜 계속 무언가 잘못되었다는 느낌이 들까? 은정이 엄마는 답답한 마음에 오늘도 한숨만 내쉰다.

하지만 이번 장을 읽고 나면!

★ 우리는 주변환경에 열심히 적응한 성실한 시민일 뿐 고의적으로 아이를 괴롭힌 악당이 아니라는 것을 깨닫게 됩니다.

★ 우리 가정을 괴롭히고 있는 그릇된 학부모 문화의 실체를 낱낱이 파악할 수 있습니다.

★ 주변환경은 절망적이지만 우리 가정을 지켜냄으로써 새로운 희망과 확신을 가지게 됩니다.

밖에서 본 대한민국

외부에서 보는 대한민국의 모습은 어떨까요? 얼마 전 프랑스 국영방송 및 주요 일간지에서 한국 교육의 실태를 방영하며 '학교에 시달리는 아이들', '입 다물고 공부만 해!'와 같은 제목을 달았습니다. 서울의 한 의료센터에서 매월 우울증과 스트레스, 과로로 인한 폐해, 수면장애에 시달리는 1,000여 명의 학생들이 치료를 받는다는 골자의 기사였어요. 매년 100명이 넘는 학생들이 학업 스트레스로 인해 자살하고 있다는 것도 그들에겐 굉장히 충격적인 소식이었지요.

기사에 등장한 한국인 유학생은 이렇게 말했습니다. "프랑스에도 경쟁이 있고 청년 실업 스트레스가 있지만 쫓아가지 못하는 아이를 '낙오자'나 '패배자'로 단정 짓기 전에 이 아이가 왜 쫓아가지 못했는지에 대해 먼저 고민한다." 당연한 말인 것 같지만 우리나라에서는 찾아보기 힘든 문화지요.

우리나라에서는 공부를 좋아하는 게 이상한 것이고 수험생은 당연히 괴롭고 부모들은 당연히 정보력과 경제력으로 경쟁해야 하며 적성보다는 점수에 맞춰서 학교와 학과를 선택하는 게 일반적입니다. 이미 우리 사회의 굳건한 관습이 되어서 제대로 감지하지 못하는 것들을 외부의 시선으로 보니 충격적일 정도로 심각한 상태입니다. 〈뉴욕타임스〉에서는 한국을 이혼, 자살, 입시, 폭음으로 인한 신경쇠약 직전의 사회라고 평가했으니 말 다했지요.

악의 평범성

우리 사회가 어쩌다 이 지경까지 왔을까요? 그 원인을 분석해본 결과 두 가지의 큰 축이 나왔습니다. 첫 번째는 '악의 평범성'이라는 개념입니다.

유대인 학살을 주도한 아이히만이라는 사람이 독일 패전 이후에 아르헨티나로 도주했다가 붙잡혀 재판을 받게 되었어요. 그러자 세상의 관심이 모두 집중되었습니다. 도대체 어떤 살인마이기에 그런 끔찍한 일을 저질렀을지 궁금했던 것이지요.

그런데 재판과정을 지켜보던 유대인들은 당황할 수밖에 없었습니다. 예상과 달리 아이히만은 히틀러의 사상에 신념이 있는 것도 아니었고 잔인한 장면을 제대로 쳐다보지도 못했거든요. 특수하게 폭력성이 짙은 사람도 아니었고 심지어 유대인들이랑 평소에 친하게 지내던 사람이었어요. 극악무도하기는 커녕 오히려 마음이 여린 사람이었습니다. 다만 원칙을 중시하며 주어진 일을 성실히 하는 사람이었지요. 그래서 그는 유대인을 수용소로 보내라는 상부의 명령을 받았을 때 그 일을 성실히 수행했던 것입니다.

이 상황을 지켜본 독일의 사회학자 한나 아렌트는 '악의 평범성' 이란 개념을 제시했습니다. 끔찍한 사람들이 모여 끔찍한 모의를 꾸며야만 끔찍한 일이 발생하는 게 아니라 자신은 그저 사회에 평범하게 적응한 보통 사람이라고 믿는 사람들에 의해서 참극이 벌어진다는 것입니다. 전체를 조망하지 않고 근시안적으로 주어진 일상을 반복하다 보면 사회 전체가 악을 향해 가고 있을 때 그 악의 한 부분으로 기능하게 되는 것이지요. 자신이 끔찍한 일을 하고 있다는 것을 전혀 의식하지 못한 채 말입니다.

수많은 학생들이 자살과 자해로 삶을 거부하고, 대부분의 학생들이 절망 속에서 어린 시절을 보내고 있습니다. 부모가 이 상황의 가장 큰 가해자로 지목되고 있어요. 아이히만과 같은 사례가 될 수 있습니다. 그저 내 상황에 올바른 방식으로 적응했을 뿐인데 왜 그런 살인마랑 비교하냐고 화를 낼지 모르겠습니다. 그런데 문제는 아이히만도 그와 같은 변론을 펼쳤다는 것입니다.

상황의 압력

'상황의 압력'에 대한 이야기는 스탠퍼드대에서 치러진 심리학 실험에서 시작됩니다. 필립 짐바르도라는 미국의 심리학자가 선과 악을 만드는 조건을 알아보기 위해 모의감옥 실험을 진행했어요.

스탠퍼드대 재학생을 대상으로 지원자를 받아 절반은 간수, 나머지 절반은 죄수 역할을 맡게 했고 몇 주 동안 자기 역할에 맞게 살아보라고 한 것이지요.

그런데 실험이 진행되면서 누구도 예상치 못했던 충격적인 사건들이 전개됩니다. 실제 감옥에서 벌어지는 간수의 죄수 학대 현상, 죄수의 폭동 모의 현상이 동일하게 펼쳐진 것이지요. 이들은 분명히 서로가 진짜 간수, 진짜 죄수가 아니라는 것을 알지만 자신이 속한 시공간의 분위기와 이 상황이 주는 사회적 압력 때문에 진짜 간수, 진짜 죄수처럼 변하게 된 것입니다.

스탠리 밀그램이라는 심리학자도 비슷한 실험을 했습니다. 소위 복종 실험이라고 알려져 있지요. 교수가 체벌과 학습의 관계를 알아보는 실험이라고 하면서 실험자를 연구실로 초빙합니다. 그리고 학생이 문제를 틀릴 때마다 강도를 높여가며 전기충격을 가하도록 지시합니다. 마지막 단계인 450볼트의 전기는 사람을 죽음에 이르게도 할 수 있는 강도 높은 자극이었습니다.

물론 실험 도우미로 참가한 교수와 학생은 전문 연기자였습니다. 전기충격도 꾸며낸 상황이었지요. 실험자들은 전기충격에 비명을 지르는 학생에게 미안함을 느끼며 주저하다가도 흰 가운을 입은 교수가 실험을 계속 진행해달라고 요구하자 결국 65%에 해당하는 참가자들이 학생을 죽일 수도 있는 450볼트까지 체벌을 계속했습니다. 실험 참가자들에게는 어떤 식의 위협이나 강요가 없는 상태였음에도 교수의 흰 가운이 주는 권위와 차분한 목소리, 진지한 분위기에 심리적으로 압도되어버린 것이지요.

문제를 틀린 벌로 전기충격을 가하라는 끔찍한 요구에 대다수의 평범한 사람들이 응했다는 실험 결과는 세상을 충격에 빠뜨리기 충분했습니다. 지극히 평범한 사람들도 상황의 압력에 따라 끔찍한 일들을 벌일 수 있다는 게 증명됐으니까요. 자기는 그저 위에서 시키는 대로 했을 뿐이고 자신의 행동이 결국에는 좋은 일에 기여할 것이라 믿으면서 말이지요.

우리 부모들도 주변의 분위기가 주는 압력, 즉 사회적 대세가 되어버린 사교육에서 자유롭지 못했을 것입니다. 하지만 자녀를 위하고 사랑한다는 명목 아래 우리 부모들이 아이들에게 행한 다양한 압력들은 결국 수많은 사상자를 만들어냈습니다. 우리가 지금 얼마나 끔찍한 굴레 속에서 허우적대고 있는지 이번만큼은 한발 비켜선 곳에서 심각하게 따져볼 필요가 있습니다.

대한민국 학부모 문화의 실체

한국교육개발원에서 자녀교육 지원 활동에 관한 학부모 문화를 연구한 적이 있어요. 개인의 신념보다 한 사람의 삶에 훨씬 더 큰 지배력을 행사하는 게 바로 문화지요. 학부모 개개인의 생각과 상관없이 그들을 압도하는 압력으로서의 교육 문화가 한국에서는 어떤 모습으로 자리 잡았는지 살펴본 연구입니다.

연구에 따르면 대한민국 학부모들은 네 가지 신념을 굳게 내면화했다고 합니다. 첫 번째는 사교육 지향성입니다. 학교에서 아무리 열심히 해봤자 사교육의 도움을 받지 않으면 입시 경쟁에서 성공하지 못할 것이라는 믿음이지요. 사교육을 얼마나 잘 활용하느냐에 따라 우리 아이의 미래가 뒤바뀐다는 믿음입니다.

두 번째는 엄마 주도성입니다. 교육에 있어서 아이는 그저 엄마가 시키는 대로 잘 따라와주기만 하면 되는 객체로 존재한다는 믿음입니다. 이런 분위기에서 아이에게 요구되는 것은 그저 개기지 말고 열심히 하는 것뿐입니다. 엄마 입장에서는 주도적으로 입시를 이끌어가야 하니 그만큼의 의무감과 책임감이 뒤따릅니다. 자연스레 엄마 개인의 삶은 점점 없어지고 오직 아이를 위한 관리자로서의 역할만이 남게 되지요.

세 번째는 성적 지향성입니다. 아이의 적성과 진로에 대한 종합적인 고민은 뒤로 하고 무조건 당장의 시험에서 우수한 성적을 받는 일에만 목숨을 걸고 집중하지요. 아이의 꿈이 무엇이고 어디에 흥미를 보이는지는 성적 지향성의 그늘 아래 묻혀버립니다. 오직 아이가 도저히 공부에 희망을 가지지 못할 지경이 되어서야 '먹고 살 길'을 다르게 찾아보자는 차원에서 겨우 아이의 적성에 관심을 두는 수준입니다.

네 번째는 정보 의존성입니다. 최고의 정보를 입수하지 못하면 큰 불이익을 당할 것 같은 분위기가 학부모 문화 전반에 짙게 깔려 있다는 것이에요. 엄마의 정보력이 아이의 미래를 좌우한다는 생각이 여기서 나온다고 볼 수 있겠지요. 워낙 수백, 수천 개의 프로그램, 검사, 강좌, 교재들이 있다 보니까 아이에게 적합한 것을 판별하는 것이 학부모의 가장 큰 책임 업무로 다가온다는 것이지요.

너무도 버거운 '엄마표 교육과정'

현재 대한민국의 부모교육을 포함한 공교육 분야의 투자 수준은 굉장히 미흡한 수준입니다. 우리나라의 교육비 지출은 OECD 국가 중 중간 정도를 차지합니다만 공교육 지출만 보면 굉장히 부끄러운 수치를 기록하고 있어요. 어마어마한 사교육 지출 덕분에 겨우 중간 수준을 유지하고 있는 실정이지요. 특히 자녀교육과 관련한 부모교육에 대한 투자는 거의 희박합니다. 그러다 보니 이제 '엄마표 교육'이 나오기 시작합니다. 자녀교육에 대한 국가의 표준교육과정이 없다시피 하니까 민간 영역에서 열심히 뛰어다닌 엄마들의 노하우가 비법으로 전수되는 것이에요.

물론 혼신의 힘을 다하는 엄마들의 노력에 경의를 표합니다. 하지만 국가 수준의 표준교육과정은 인류가 축적한 방대한 지식을 각 분야의 석학들이 연구한 체계에 맞춰 한국의 실정에 맞도록 배치한 지혜의 산물입니다. 엄청난 물질적·시간적 자원이 투자된 교육체계예요. 이를 무시하고 사교육시장에서 모은 정보로 구성한 엄마표 교육과정을 아이에게 적용한 부작용은 정말 심각한 수준입니다. 아이는 실험 쥐가 아닙니다. 한순간의 상처로 일생 고통받을 수도 있는 것이 우리 아이들이에요.

공교육체계는 아이에게 가장 안정적으로 배움을 제공할 수 있는 체계입니다. 이를 무시하고 내 힘으로 해보겠다며 덤볐다가는 돈만 쏟아붓고 아이는 망가질 수 있습니다. 상황의 압력이 늘 존재하는 오염된 문화 속에 살지만 이에 편승해서 불안감에 뛰어다니는 노력이 꼭 긍정적인 결과를 낳지는 않아요.

엄마는 호구, 아빠는 물주

학원가에는 이런 말이 있어요. '엄마는 호구, 아빠는 물주다.' 사교육에 대한 수요와 공급이 모두 과열된 지금의 현실 속에서 부모는 학원 전문가들이 갖고 놀기 딱 좋은 대상이 됩니다. 부모의 역할이 겨우 사교육 구매를 위한 광고 탐색과 물주 노릇 정도라고 믿는 초보 부모들이 대부분이니까요. 그들에게는 전문 강사의 얘기가 그저 지당하신 말씀입니다.

운동회 날 어떤 아저씨가 도박 게임판을 갖고 와서 1,000원을 넣으면 3,000원을 딸 수 있다고 아이들을 꼬드깁니다. 그럼 우리는 아이에게 "저 아저씨가 네 돈 가져가려고 꼬드기는 거야." 하고 말해줄 수 있겠지요. 그런데 학부모들한테 이렇게 얘기하면 대부분 이해하지 못합니다. 자기 돈 들여 열심히 좀 시켜보겠다는데 왜 말리냐는 거예요. 제가 보기에는 과장된 문구로 도배된 화려한 마케팅 기법에 속아 장사꾼들한테 제발 내 돈부터 가져가라고 들떠 있는 상황인데 말이지요.

학부모들이 이렇게 호구, 물주로 전락해가는 동안 아이들은 점점 더 괴로운 삶에 빠져듭니다. "어렵게 찾아내서 돈을 그렇게나 들였는데 이 모양 이 꼴이야?" 이런 말만 더 자주 듣게 되고 부모는 부모대로 아이는 아이대로 서로를 지치게 하는 절망의 악순환이 계속됩니다. 부모와 아이의 관계가 간수-죄수의 관계, 감독관-노동자의 관계로 변해버린 거예요. 우리 아이도 우리 집을 감옥으로 여기고 있지는 않나요?

망가진 생태계, 하지만 가정만이라도!

지금까지 살펴본 자녀교육 생태계를 생각하면 내 아이를 건강한 자기주도학습자로 키우는 것이 도저히 불가능해 보입니다. 물론 가정 밖에서 생겨나는 문제들이 워낙 많기 때문에 우리가 부모로서 조정할 수 있는 수준에도 분명히 한계점은 있을 것입니다.

하지만 이제부터는 가정에서라도 완충작용을 해줄 수 있어야 합니다. 내 아이가 우리 집에서만큼은 즐겁고 편안하게 몸과 마음을 쉴 수 있어야 하지요. 비록 밖에서는 수많은 적들과 경쟁하고 돌아오더라도 집에서만큼은 가족 모두가 한마음 한편이 되어 협력하고 격려해야 합니다.

생태계를 고치는 노력은 분명 우리가 이뤄야 할 원대한 목표 중 하나입니다. 하지만 지금 당장 학교에서 돌아와 마주칠 우리 아이를 살리려면 우선 부모인 내가 중심을 제대로 잡고 바로 서야 합니다. 환경이 심각하게 오염된 만큼 정신을 잘 차리고 서로 간에 마음을 모아야 할 때입니다. 가정이 건강을 회복하면 아이는 다시 살아날 수 있습니다!

이제, 부모로서 살겠습니다

저는 대한민국에서 사교육열 높기로 다섯 손가락 안에 드는 목동 엄마입니다. 직장에 휴가를 내가며 학원 쇼핑을 하고 다른 엄마들과 정보를 공유하려 아등바등했지요. 늦은 저녁이 되어서나 보게 되는 아이 얼굴을 따스한 눈빛으로 보기보다 "오늘 시험 잘 봤어?" 하고 채근한 적이 많습니다. 부모교육을 받으며 내내 머릿속에 엄마의 자격이 떠나지 않았습니다. 내가 만들어놓은 오염된 생태계 속에 우리 아이를 떠민 건 아닌지……. 반성하는 시간을 갖고 하나둘씩 바꾸어보려 합니다. 상상이 의지보다 강하니 힘내겠습니다!

– 쨈맘 님

아이가 학교에서 시험을 보고 난 뒤 시험지를 가져오면 100점이 몇 명이냐고 항상 물어봤습니다. 아이의 기분은 전혀 공감해주지도 않고, 오로지 점수만 확인했던 내 자신이 너무나 부끄럽습니다. 지금은 아이의 정서를 살피고 보듬어주고 있습니다. 항상 아이를 믿고 기다려주고, 잘하는 것을 찾아 칭찬하고 용기를 북돋아주는 엄마가 되고 싶습니다. 시험성적보다는 사랑스러운 우리 아이의 행복에 집중하고 싶습니다.

– 붉은앵두 님

2 낡은 가치관을 극복한다

그동안 힘드셨지요?

중학교 3학년 진욱이의 부모는 방학을 맞아 진욱이를 외고 대비 학원에 보내기 시작했다. 곧잘 버텨내는 모습을 보니 내심 뿌듯한 마음도 생긴다. 주변에서는 공부 잘하는 아들을 두었다며 부러워하고 그 비법을 물어보기도 한다. 하지만 진욱이의 부모는 아들과 진실한 대화를 나눈 것이 언제인지 모르겠다. 아들이 독기를 품고 공부에 열중한 뒤로는 통 대화할 기회를 찾지 못했기 때문이다. 말을 걸면 방해하지 말라며 무섭게 노려보는데 그 눈빛을 생각하면 가슴이 찢어진다. '정말 공부만 잘하면 될까?' 하고 푸념을 늘어놓으면 주변에서는 배부른 소리 말라며 오히려 부모를 다그친다.

하지만
이번 장을
읽고 나면!

★ 오염된 환경을 만들어낸 한국식 공부의 실체가 샅샅이 파헤쳐집니다.

★ 새로운 길에 적응하는 데 필요한 구체적인 기술들을 체득할 수 있습니다.

★ 전쟁과도 같은 현실 속에서 길을 잃지 않고 끝까지 완주할 수 있는 용기를 얻게 됩니다.

지금은 전쟁 중

지금의 교육환경은 한마디로 전쟁통입니다. 사교육 업자들이 학생의 건강이나 미래보다 돈이 벌리는 방향으로 움직이니까요. 물론 진정성을 갖고 건강한 상품을 제공하려 열심히 노력하는 경우도 있어요. 하지만 생태계 전반이 돈을 위한 교육 장사가 된 상황에서는 입에만 달고 건강에는 좋지 못한 불량식품 같은 상품들이 쏟아질 수밖에 없습니다. 서로 자기네 과자가 맛있다고 자랑해봤자 그저 자극적인 불량식품일 뿐이지요.

이런 상황에서 다시 희망을 갖기 위해서는 부모의 마음 준비가 필요합니다. 거친 바람에도 뿌리 깊은 나무는 생명을 지킬 수 있지요. 부모가 건강한 개념으로 무장하고 지혜로운 방법으로 아이를 사랑해준다면 아이는 오염된 생태계 속에서도 건강하게 자라날 수 있습니다.

우리들의 부끄러운 자화상

맞벌이가정이 늘어나면서 육아도우미를 고용하는 가정이 많은데, 육아도우미도 다음과 같은 가정은 기피하는 경향이 있다고 하네요.

- 월급을 제때 주지 않고 계속 도우미가 교체되는 가정
- 시부모나 친정 부모가 시시때때로 와서 사사건건 감시하고 간섭하는 가정
- 인격적으로 무시하고 더러운 사람 취급하여 아이에게 스킨십을 못하게 하는 가정
- 부부싸움을 밥 먹듯 하면서 아이 문제를 도우미에게 떠미는 가정
- 남편과 도우미의 친밀한 대화를 경계하고 둘의 관계를 의심하는 가정
- 물건이나 현금을 잃어버리면 도우미부터 의심하는 가정
- 도우미 방에는 난방도 잘 하지 않고, 반찬도 최소화해서 눈칫밥을 주는 가정
- 아이가 조금만 다쳐도 무작정 도우미의 잘못으로 몰아가는 가정

'100점 육아도우미 바라는 70점 부모', 양선아, 〈한겨레 신문〉 2013년 3월 22일자

도우미를 약자로 보며 존중하지도 배려하지도 않는 부끄러운 모습들입니다. 그런데 우리 부모들이 바로 이런 태도로 아이를 대해 왔던 것은 아닐까요? 장유유서 등을 앞세워 부모 우월주의로 아이를 무시하고, 연락이 닿지 않으면 쓸데없이 놀러 다닌다고 의심하

고, 시험성적이 저조하면 공부할 때 딴짓한 것 아니냐고 윽박을 질렀지요. 우리 부모들이 가정에서 피고용인을 대하는 방식에는 자녀에 대한 태도가 고스란히 담겨 있어요.

그런데 아이한테 화를 내는 모습 뒤에는 어떤 생각이 숨어 있나요? 부모니까 내 자식한테 화를 내도 된다고 생각하나요? 만약 나와 동일하게 존중받을 권리가 있고 사랑받고 싶은 다른 사람과 대화한다고 생각해보세요. 아무리 좋은 의도를 품었다고 해도 마음 내키는 대로 화를 낼까요? 전혀 아닐 것입니다.

"우리나라의 부모 특히 어머니들이 아이의 시험점수를 놓고 집 안팎에서 벌이는 사건(체벌, 닦달, 싸움, 기합, 압력, 스트레스, 학교와의 관계 등)은 가히 병적이라 할 수 있습니다. 뉴스에 나올 정도의 특급 중증도 적지 않겠지만 1급 중증도 상당수 있을 것이고 2, 3급 중증은 너무나 많을 것입니다. 4, 5급 정도의 병은 대부분의 부모가 갖고 있을 것입니다." 전(前) 영훈중학교 교장선생님의 말씀입니다. 상당히 보수적인 분으로 알려져 있지만 학부모에게 시달리다 보니 공개 석상에서 이런 우울한 분석을 내놓은 것이지요. 병적인 상태, 이게 우리의 현주소입니다.

참을 수 없는 한국식 공부의 가벼움

우리의 사고 습관은 한국식 공부의 사고방식에 지배되어 있습니다. 정답만 맞히면 된다, 실수도 실력이다, 내가 잘해도 남이 더 잘하면 소용없다, 시험 범위만 보면 된다는 것 등이지요. 우리는 이러한 교육을 받고 자랐습니다.

그럼 '한국식 공부라는 것이 정말 한국 특유의 교육문화냐, 다른 나라들은 안 그러냐.' 이렇게 물을 수도 있을 것 같아요. 어떨까요? 정말 눈물겹도록 부러운 문화를 갖춘 나라가 많습니다. 이스라엘 도서관에서는 두 명씩 짝을 이루어 뜨거운 토론이 벌어지고 옥스퍼드에는 유명한 토론 대회들이 많이 있지요. 프랑스에서는 수능에 해당하는 논술시험인 바칼로레아를 준비하기 위해 학생들이 시민 토론회를 찾아다닙니다. 미국 또한 일정한 주제를 놓고 다 같이 자유롭게 발언하면서 토의를 통해 과제를 해결하는 문화가 발달되어 있어요. 많은 국가들이 다른 사람과의 대화를 통해 지식과 지혜를 함께 훈련하는 문화를 갖고 있지요. 그저 부러울 뿐입니다.

한국식 공부는 어떠합니까? 제일 먼저 들 수 있는 특징은 바로 '조급함'입니다. 우리 대부분은 시험공부를 시험 직전까지 미루다가 벼락치기 식으로 조급하게 공부한 경험이 있습니다. 이런 조급함이 문제에 대해 깊이 생각해보고 다양한 해결을 고민하는 과정에서 취할 수 있는 성장 지점들을 놓치게 만들지요.

두 번째 특징은 '단순함'이에요. 다양한 생각들이 펼쳐지는 토론문화에서는 결코 나올 수 없는 특징이지요. 우리는 교과서가 알려주는 정답만을 생각하고 다른 관점을 고민하는 일은 결코 없었습니다. 창의적이고 유연한 사고를 키울 수 없는 환경인 것입니다.

세 번째 특징은 '일방성'이에요. 교사가 학생에게 일방적으로 지식을 전달하지요. 교사의 말이 '정답'이기 때문에 여기서 벗어나 '다른 생각'을 펼친다는 것은 상상하기 힘들었습니다. 혹시 가끔 그런

'미친 녀석'이 나오면 교사의 비방과 체벌을 감당해야 했을 것입니다. 그래서 지금도 우리 사회는 회사에서도 가정에서도 죄다 일방적 명령 및 통보 방식의 의사소통이 주를 이루는 게 아닙니까? 우리 모두가 한국식 교육의 잔재 그 자체이기 때문이지요.

보고 배운 대로 아이를 다그치는 부모들

100점을 받아 온 아이와 10점을 받아 온 아이, 운동을 하는 아이와 텔레비전을 보는 아이, 친구와 사이좋게 지내는 아이와 친구와 싸우는 아이, 훈계를 했을 때 반성하는 아이와 생떼 부리는 아이가 있습니다. 우리 아이가 후자라면 어떤 느낌이 드나요? 일단 답답하고 속상할 것입니다. 그리고 이 아이를 어떻게 잡아 족칠지 고민하기 시작하지요. 우리는 이렇게 자녀의 성적, 성과, 상태 등에 대한 평가에 따라 아이를 다르게 대해왔습니다. 한국식 공부에 적응된 사고방식으로는 자연스러운 반응이지요.

사실 우리도 배운 대로 하는 것입니다. 비슷한 대우를 받으며 자라왔잖아요. 부모의 기대에 부응했을 때만 조건적으로 사랑을 받았다고 느끼는 분들이 많을 것입니다. 이렇게 자라는 경우에는 성인이 되어서도 자기 가치를 제대로 인식하지 못하는 경우가 많다고 합니다. 무조건적인 사랑을 받지 못하고 성과에 따라 차별적인 대우를 받아왔기 때문에 자신의 존재 가치에 대한 안정감을 정립하지 못한 것이지요.

그런데도 이러한 상황이 우리 아이들에게 대물림되고 있어요. 왜

일까요? 그건 우리에게 점수, 학벌 등을 성취해야 사랑받을 수 있다는 생각이 내면화되었기 때문일 것입니다. 이런 조건적 가치들이 귀결되는 지점은 결국 물질적 풍요입니다. 그래서 비싼 집, 비싼 음식, 비싼 옷, 비싼 자동차, 비싼 시계, 비싼 핸드백을 향유하며 사는 게 곧 성공이고 행복이라 여기는 문화가 기성세대를 지배하고, 그 문화가 아이에게도 그대로 대물림되고 있는 것입니다.

물질적 가치를 중요시하는 부모는 보통 소유에 집착하고 아이를 통제하려 하며 아이의 작은 잘못에도 엄하게 벌을 주는 경향이 있다는 연구 결과가 있어요. 또한 이런 부모는 이타적 가치를 중시하는 부모에 비해 양육에 진정한 관심을 두지 않는다는 보고도 있습니다. 겉으로는 양육에 보다 집착하는 것 같지만 사실은 시간과 정성보다는 돈으로 간편하게 해결하려 한다는 것이지요. 심지어 이런 부모 밑에서 자란 아이들은 질병에 취약하고 우울증에 잘 걸리며 약물중독에 빠지기 쉽다는 연구 결과까지 있습니다. 한국인에게 이미 무의식적 숙련 단계로 체화된 물질만능주의 문화가 우리네 삶에 얼마나 악영향을 미치고 있는지 이제 조금 감이 잡히나요? 우리는 지금 끔찍한 문화 속에서 살고 있는 것입니다.

올바른 원칙이 필요한 때

앞에서 육아도우미에 대한 우리의 태도를 살펴보았습니다. 참으로 부끄럽고도 어리석은 모습들이었어요. 이제는 달라져야겠지요. 이런 원칙들을 정해서 지켜보면 어떨까요?

첫째, 육아도우미는 우리네 엄마, 이모의 또 다른 모습이니 인간으로서 존중합니다. 둘째, 완벽하지 않아도 노력하는 모습을 격려합니다. 셋째, 공동의 생활규칙, 양육원칙을 만들어 서로 최선을 다해 이를 준수합니다.

어떤가요? 아이 교육문제에 있어서 부모가 가져야 할 원칙과도 비슷하지 않은가요? 지금의 오염된 생태계를 고려하면 건강한 원칙을 명확히 세워 철저히 지키지 않고는 아이를 건강하게 키우기 힘든 것이 사실입니다. 그러나 길은 분명 있습니다.

이제, 부모로서 살겠습니다

저는 하루하루 아이를 위해 희생하며 사는 것이 엄마의 의무고, 아이를 위해 최선을 다하는 것이라 여기며 살아왔어요. 어느 날 큰아이가 "엄마, 내 인생은 왜 이렇게 재미없어요? 집에 와도 공부만 하고. 나는 공부기계가 아니에요." 하더군요. 성적만 따지던 엄마 밑에서 끝없이 비교당하며 상처받은 것이지요. 예전엔 모두 아이를 위한 거라고 생각했지만 지금은 아닙니다. 제가 먼저 건강한 부모 역할을 해줄 거예요.

– 보노보노 님

성공 확언 만들기

성공 확언 만들기는 기대하는 바나 소망하는 바를 상상해보면서 그 내용을 확신에 가득 찬 문장으로 적어놓고 수시로 반복해서 읽어보는 겁니다.

두뇌는 실제로 어떤 단어를 접하면 그 단어와 연관된 행동을 준비하게 됩니다. 단어를 읽는 것만으로도 뇌는 마치 실제로 그 단어와 관련된 일이 벌어질 것처럼 반응한다는 것이지요. 기분 좋은 상상을 자극하는 언어를 반복해서 접하다 보면 우리 마음이 사랑 넘치는 건강한 상태로 변한다는 것은 이미 과학적으로 입증된 사실입니다.

성공 확언을 만드는 데는 몇 가지 규칙이 있습니다.

1. 진정 원하는 것이어야 한다.
2. 부정형이 아니라 긍정형이어야 한다.
3. 현실적으로 실현 가능하다는 느낌이 있어야 한다.
4. 어느 정도는 비현실적인 면도 있어서 흥분을 느낄 수 있어야 한다.

5. 반드시 현재형과 일인칭이어야 한다.

6. 상상하기로 확언을 구체화시키는 게 필요하다.

7. 때때로 확언에 변화를 주어 지루하지 않게 한다.

8. 타인의 행위를 확언의 대상으로 삼으면 안 된다.

9. 확언은 자신만 알고 있는다.

10. 부정적 대상보다는 긍정적 대상을 확언한다.

《5분의 기적 EFT》, 최민원 · 김원영 · 정유진, 정신세계사

이 규칙을 활용하여 이렇게 만들어볼 수 있겠지요.

"나는 아이와 정말 잘 통하는 엄마다."

"나는 늘 아이들을 미소 짓게 만든다."

"나는 아이를 자유롭고 독립적으로 키우는 현명한 학부모다."

자신만의 성공 확언을 만들어보기 바랍니다. 자녀도 함께 성공 확언을 만들면 더 좋습니다.

4강

'공부의 맛' 살리는 뇌기반 학습

"하고 싶은 게 많은 우리 아이, 부모로서는 좋아하는 길을 가게 해주고 싶지만, 학부모로서는 당장의 중간고사가 걱정입니다. 무작정 몰아붙이는 게 성공을 위한 길일까요? 아닙니다. 두뇌의 원리를 따르면, 공부가 재밌어집니다."

1 공부와 싸우지 말자

그동안 힘드셨지요?

고등학교 2학년인 민지는 나름 주변의 존경을 받는 학생이다. 수업시간에 잠을 자거나 딴짓을 하는 수많은 친구들 사이에서 단연 성실성이 돋보이기 때문이다. 민지가 다니는 일반 인문계 고등학교에는 '자신과의 싸움'에서 승리하는 학생들이 드물다. 그래서 민지는 어느새 노력파의 상징이 되어 있었다.

하지만 민지의 속은 하루하루 곪아가고 있다. 고작 주변의 존경 정도로는 매일의 싸움을 이겨나갈 자신이 없기 때문이다. 이렇게 저렇게 다른 방법을 시도해보려 하면 선생님들은 꼼수 쓰지 말고 그냥 하던 대로 열심히만 하라고 하신다. 그런데 정말 그게 맞는 건지 확신이 서지 않는다. 공부는 정말 이렇게 지루하고 괴롭기만 한 것일까? 이 전쟁은 대체 언제 끝날까? 우리 부모님만이라도 내 편이 되어줄 수는 없을까? 학생은 원래 이렇게 괴로운 것일까? 뉴스를 보면 대학생이나 사회인이 되어도 삶이 달라지는 것 같지 않다. 이렇게 절망이 계속되는 삶에 도대체 무슨 희망이 있을까? 민지는 오늘도 위태로운 가슴을 애써 누르며 힘들게 발걸음을 옮긴다.

하지만 이번 장을 읽고 나면!

★ 그동안 지능과 노력만으로는 해결되지 않았던 공부의 문제를 호기심이라는 새로운 기준으로 술술 풀어갈 수 있게 됩니다.

★ 두뇌가 학습과 기억에 있어 어떻게 작동하는지를 파악하여 우리가 여태 괴로운 공부를 할 수밖에 없었던 이유들을 설명할 수 있게 됩니다.

★ '자신과의 싸움'을 인내로 버텨내야 했던 그동안의 낡은 공부 개념을 버리고 배움의 맛으로 공부해나가는 법을 배우게 됩니다.

스스로 찾아가야 하는 이유

텔레비전 프로그램 중에 공부 잘하는 학생을 소개하는 내용이 있습니다. 어떤 친구는 엄마의 편지에 감동받아 열심히 살게 됐고 어떤 친구는 무전여행에서 도전정신을 깨달은 후 열심히 공부하게 됐습니다. 또 수업 직전과 직후 2분 동안 교과서의 차례 부분을 보며 예습과 복습에 집중하여 성공한 친구도 있고 영어단어 외우기나 오답노트 만들기 등에서 기발한 방법을 개발한 친구들도 있습니다. 학생 수만큼이나 다양한 동기 요인과 공부방법이 있더군요.

여기에 정답이 있을까요? 만약 한 가지 공부 전략을 선택해 위의 모든 친구들에게 일괄적으로 적용하면 모두 다 탁월한 성적을 유지할 수 있을까요? 짐작했겠지만 모든 학생에게 일괄적으로 적용되는 기술적 비법은 없습니다. 저마다 여정, 특성이 다르거든요. 각자에게 적절한 전략은 모두 다르기 마련입니다. 자신에게 맞는 길을 자기 스스로 찾아나갈 수밖에 없는 이유가 여기에 있습니다.

하지만 무작정 '그때그때 달라요.'라면 재미가 없겠지요? 구체적인 사연들에는 다양한 차이가 존재하지만 분명 성공을 이끄는 일관된 원리가 있습니다. 그것은 바로 두뇌의 작동원리에 맞는 학습 방법입니다. 그럼 두뇌활동에 적합한 공부법은 어떤 것이고 잘못된 공부법은 또 어떤 것일까요?

낡은 공부법이 두뇌를 방해한다

우리가 유지하고 있는 전통적 학습 문화는 두뇌가 어떻게 동작하는지 모르던 시절에 잡힌 체계에 기반을 둡니다. 때문에 두뇌의 작동원리에 위배되는 낡은 방법들로 점철되어 있지요. 이제는 북유럽 교육 선진국들처럼 최신 연구 성과를 우리의 교육 현실에 적용할 필요가 있습니다.

우리의 교육 과학이 얼마나 눈부시게 발전했는지 잘 보여주는 대목이 있어요. 주디 윌리스의 연구에 따르면 "이제 우리는 감각기관을 통해 들어온 정보가 일시적으로 머물면서 정보를 조작하는 작업기억working memory 형태로, 개별 정보를 연결하는 연관기억relational memory으로, 최종적으로 장기기억longterm memory으로 저장되는 과정을 관찰할 수 있다."고 합니다. 기억이 저장되는 과정을 '관찰'할 수 있다니, 놀라운 일입니다. 기억이 생성되고 변화되는 과정을 이제 기계를 통해 눈으로 관찰할 수 있는 수준까지 과학이 발전한 것입니다.

이런 뇌과학 발전의 성과를 담아 새로운 교육학적 개념이 개발되고 있는데, 대표적으로 '가속학습'이라는 개념을 살펴보겠습니다. 가속학습이란 두뇌가 작동하는 원리를 이용하여 공부하면 학습속도가 빨라진다는 뜻입니다. 이 개념을 창안한 콜린 로즈 박사의 실험에 따르면, 같은 교과내용을 전통적인 학습법으로 공부하여 A학점을 받은 비율은 11%, 가속학습 모델을 적용하여 A학점을 받은 비율은 67%였습니다. 이런 눈부신 성과들을 이미 핀란드 등지에서는 국가 수준의 교육체계에 적용하여 운영하고 있는데, 우리나라는 여전히 의지와 인내만 강조하고 있는 것이지요. 만약 새로운 학습 모델에 대한 선호도를 한국 학부모들에게 설문하면 '공부 가지고 장난하지 말고 그냥 애들 빡세게 굴려라.'라고 답하는 부모들이 대부분일 것입니다.

학습을 이루는 핵심 기둥, 호기심

영국 에든버러대 연구팀이 200건의 연구에 참여했던 학생 5만 명의 자료를 분석한 결과, 호기심이 지능과 성실성만큼이나 학업성취에 큰 영향을 미치는 것으로 나타났다고 합니다. 즉 우리가 기존에 익히 알고 있던 지능, 성실성과 더불어 호기심이 학업 수행력을 결정하는 3대 기둥이 된다는 것입니다.

그중에서도 제일 중요한 기둥은 다름 아닌 호기심이라고 합니다. 호기심을 느끼기 시작하면 자신의 잠재적 지능을 최대한 발휘하게 되고, 흥미를 가짐으로써 성실하게 지속할 수 있는 힘이 생기기 때문입니다. 실제로 지능이나 성실성이 뛰어난 사람도 호기심을 전혀 느끼지 못하는 분야에서는 능력을 발휘하지 못하는 사례가 많이 있습니다.

지금까지 우리는 아이의 호기심을 어떻게 다뤄왔습니까? 어릴 때는 열심히 키워주고 받아주지요. 그런데 아이가 초등학교 고학년 정도 접어들면 이제 호기심을 억누르기 시작합니다. 아이의 성적에 따라 미래가 결정된다는 생각에 불안감이 올라오기 시작하는 때거든요. 아이가 교과목과 상관도 없어 보이는 활동에 집중하고 있는 모습을 참아줄 수가 없게 되는 것입니다. 그러나 이것이 오히려 아이의 학습욕구를 꺾어놓을 수 있습니다. 아이의 호기심을 반드시 지켜주어야 해요.

뇌는 정보를 선택적으로 받아들인다

공부와 관련해서 우리가 주의 깊게 살펴봐야 하는 '망상활성계'라는 두뇌 부위가 있습니다. 다양한 신체 부위에서 받아들인 감각자극은 척수를 타고 뇌까지 오는데 바로 이 망상활성계에서 나름의 기준으로 걸러져 두뇌에 전달됩니다. 즉 망상활성계의 필터링을 통과하지 못하면 외부자극이 두뇌로 전달되지 못하는 것이지요. 실제로 우리가 실시간으로 받아들이는 감각자극은 수만 가지입니다. 그중 두뇌가 실제 인지하는 자극은 일부에 불과합니다. 대부분 망상활성계를 통과하지 못한 것이지요. 실제로 생활하다 보면 우리는 1분 동안에도 아주 다양한 소리를 듣게 되지만 많은 경우 이 자극들은 '소음'으로 처리되어 두뇌 속에서 의미를 형성하지 못하고 망각되어버립니다.

학습 또한 망상활성계를 무사히 통과해야 비로소 시작될 수 있습니다. 그렇다면 자극이 여기를 통과하려면 어떤 자격을 갖춰야 할까요? 첫째, 신체적 위협 신호가 있을 경우입니다. 두뇌가 몸을 보호하기 위해 위험을 감지하고 피하라는 명령을 내리지요. 둘째, 관심 있는 정보일 경우입니다. 복잡한 인파 속에서도 내 이름이 불리면 신기하게도 그 소리만은 명확하게 들리지요? 두뇌는 무수한 소리 자극 중에서 자기에게 흥미가 있는 자극을 주도적으로 선택합니다. 자녀에게 아주 깊은 사명감으로 훈계를 늘어놓는다고 해서 그 자극이 아이의 망상활성계를 통과하는 것은 아니라는 이야기입니다. 셋째는 새로운 자극인 경우입니다. 두뇌는 변화에 민감합니다. 앞으로 자신의 환경이 어떻게 변해갈지 모르기 때문에 작은 변화도 세밀히 느끼고 이에 적응할 준비를 해야 합니다. 반대로 이미 익숙한 자극들에 대해서는 충분히 대응체계를 훈련했다고 느끼기 때문에 가볍게 무시할 수도 있는 것입니다.

세 가지를 종합해보면 이런 그림을 떠올릴 수 있어요. 어떤 학생이 지금 매우 졸린 상태인데 싫어하는 과목을 억지로 보고 있어요. 그런데 그 내용이 선행학습 등을 통해 이미 알고 있는 내용이라는 느낌이 든다면 이 학습을 강행하는 것은 사실 고문에 가까울지 모릅니다. 학습자극이 망상활성계를 통과하지 못할 조건을 두루 갖추고 있거든요. 이 조건에서 들어오는 선생님의 목소리는 그저 소음이 될 뿐입니다.

두뇌는 기본적으로 불수의기관이에요. 내 의지대로 움직일 수 없습니다. 그래서 그 작동원리를 명확하게 파악하지 못하면 원치 않는 방향으로 작동할 수 있습니다. 망상활성계를 통과하지 못하는 조건의 자극이라면 아무리 많이 입력해봤자 제대로 된 학습효과가 일어나지 않습니다. 괜히 몸만 피곤하고 마음만 다치지요. 하지만 이와 반대로 작동원리에 맞게 조절하면 두뇌를 최대한 활용할 수 있어요. 즉 신체적으로 편안한 상태에서 자기가 선택한 정보를 다양하게 변화시키며 공부한다는 조건이 되겠지요. 이 경우에는 뛰어난 학습효과를 거둘 수 있을 겁니다. 그동안 우리 아이에게 주어졌던 조건들 중에 두뇌 작동원리에 위배된 것은 무엇이었는지 되돌아보기 바랍니다.

영어단어를 자꾸 까먹는 이유

혹시 지난여름 가족여행에서 생긴 추억을 달달 암기하신 분 있나요? 굳이 외우지 않았어도 기억에 선명히 남아 있을 것입니다. 그런데 혹시 학창 시절에 수십 번 반복해서 외운 영어단어들이 지금도 생생하게 기억나는 분 있나요?

어떤 정보는 외우려 하지 않아도 기억에 남고, 어떤 정보는 아무리 노력해도 하얗게 망각하는 경우가 있습니다. 여기에는 어떤 차이가 있을까요?

우리 두뇌에는 '감정 여과장치'가 있습니다. 그래서 중요한 정보는 증폭시키고 중요하지 않은 정보는 걸러냅니다. 똑같은 정보라도 그 정보에 대한 나의 감정 상태에 따라 중요도가 달라지는 것입니다. 그래서 내가 좋아하는 대상에 대한 정보는 큰 노력 없이 외워지고 나와 상관없는 정보는 금세 잊어버리는 것입니다.

학습에 있어서 가장 중요한 건 반복이 아닙니다. 물론 무작정 반복하면 일정 기간 머릿속에 남아는 있겠지요. 하지만 마음에 남는 내용도 아니고 외우기도 싫었다면 머지않아 반드시 망각되어버립니다. 그렇다면 감정 여과장치가 중요한 정보로 판단하는 감정은 무엇일까요? 그건 바로 재미와 즐거움, 귀여움, 사랑 등의 긍정적 감정입니다.

그중에서도 학습에 있어 중요한 것은 '재미'입니다. 두뇌는 재미있는 정보를 가치 있고 중요한 정보라고 판단합니다. 반대로 재미가 없으면 내일 시험에 출제될 중요한 정보라고 해도 두뇌 입장에서는 쓸데없는 정보가 되어버립니다. 내가 얼마나 중요하게 생각하는지는 별로 중요하지 않아요. 아무리 절실한 마음으로 공부한 정보라 해도 재미를 느끼지 못하면 두뇌 입장에서는 그저 무가치한 자극 낭비가 되는 것입니다.

실제로 어떤 학생이 굉장히 비효율적인 방법으로 공부한다 해도 공부 자체에 재미를 느끼고 있으면 학습효과가 뛰어납니다. 반대로 아무리 비싼 과외를 받아도 학생이 거기서 재미를 느끼지 못하면 말짱 꽝이지요. 그래서 학원을 선택할 때도 강사의 지명도보다 내 아이와 정서적으로 얼마나 잘 맞는지를 가장 중요하게 생각해야 합니다. 정서적인 상태가 학습에 절대적인 영향을 미치니까요.

정서가 학습을 좌우한다

"선생님 다시 한 번 감사드립니다. 폐인 인생 갱생시켜주시고, 좌절 인생 환희로 바꿔주신 은혜 절대 잊지 않겠습니다!"

이런 메일을 받은 적이 있습니다. 공주에서 고등학교를 졸업하고 서울에 올라와 재수를 하던 학생이었는데, 제 이야기의 핵심을 잘 받아들여서 곧바로 실천해내는 지혜가 빛나는 친구였어요. 이 친구의 편지 중에 이런 내용이 있었습니다.

"선생님 강의를 듣고 나서 공부가 정말 재미있어졌습니다. 짜증나던 수학이 수수께끼 게임으로, 원수 같던 영어는 새로운 도전으로 다가왔습니다. 일단 흥미가 붙으니 일사천리더군요."

이 친구는 원래 탁월한 성적을 받던 학생이 아니었어요. 특히 영어는 매우 부족한 수준이었습니다. 그런데 그해 수능시험에서 언수외 300점 만점을 받아냈어요. 비결이 편지에 나와 있네요. 흥미 즉 공부의 맛을 느꼈기 때문입니다.

감정 상태와 학습효과는 하나로 엮여 있습니다. 두뇌에 칸막이가 있어 감정과 학습을 따로 처리하는 게 아니라 위의 활동들이 모두 비슷한 처리과정 안에 묶여 있어요. 심지어 웃는 표정만 지어도 감정이 좋아지고 그에 따라 학습효과까지 좋아진다는 연구도 있어요. 웃으면서 책을 보는 정도만 해도 학습효과가 높아진다니 참 신기한 일이지요?

우리는 여태 공부는 당연히 괴로운 것이고, 싫지만 인내하면서 열심히 노력하는 게 유일한 성공의 길이라고 생각해왔습니다. 그래서 아이들의 의지를 그렇게도 강조했던 것이고 싫다는 아이를 학원에 가둔 것이지요. 하지만 적지 않은 학생들을 자살에 이르게 할 만큼 부정적 정서가 수반되는 학습환경 속에서 과연 학습효과를 얼마나 기대할 수 있을까요? 행복한 공부, 즐겁고 재미있는 공부는 가정 내 관계 개선뿐만 아니라 아이의 학습 수월성에도 막대한 영향력을 미치고 있어요. 이제부터는 아이에게 억지 공부를 강요하는 일이 없어야 합니다.

사고방식의 전환이 필요한 때

우리는 지금까지 공부에 대해 안 좋은 추억만 많이 쌓아왔습니다. 지금 우리 자녀들이 갖고 있는 공부에 대한 거부감은 그보다 훨씬 더 강합니다. 수학에 대한 거부감이 특히 심하지요. 누가 수학 공부 재미있다고 하면 거의 미친 사람 취급합니다.

하지만 그 나쁜 추억들은 오염된 환경과 잘못된 방식의 폐해일 뿐입니다. 공부 자체가 본래 재미없는 것이 아니라 단순히 나와 우리 자녀가 여태까지 해온 공부가 즐겁지 못했다는 사실을 냉철히 마주할 필요가 있습니다. 누군가는 분명히 공부에서 재미를 찾아 뿌듯하고 즐거운 마음으로 공부하고 있습니다. 북유럽에 가면 공부가 즐겁다고 하는 사람이 대다수예요. 건강한 마음으로 탁월한 성취도까지 보여준 친구들이 분명 존재합니다. 우리 자녀도 이제 공부에서 흥미를 발견해 부모가 그 과정을 즐겁게 지원해주는 날이 올 것이라는 희망을 갖고 나아가면 됩니다.

인내가 아닌 재미로 공부하는 게 '정상'입니다. 이제 그 맛을 느끼는 방법을 찾아나가면 됩니다. 공부의 맛을 빼앗은 것이 무엇인지 찾아내고, 어떻게 하면 공부의 맛을 오염시키는 환경으로부터 자신을 보호할 수 있는지 알아보는 것입니다. 어떻게 해야 이 과목 저 과목에서 흥미 요소를 발견할 수 있을까, 어떻게 하면 흥미를 학업적으로 발전시킬 수 있을까? 자녀와 함께 생각해보세요.

그리고 누차 강조하지만 부모가 변해야 아이들이 바뀝니다. 공부가 즐겁다는 개념도 마찬가지예요. 아이들은 혹시 공부에 재미를 느끼더라도 그걸 쉽게 표현할 수가 없습니다. 그런 말을 함부로 했다가는 앞으로 더 열심히 해야만 할 것 같기 때문이에요. 여전히 부담감에 사로잡혀 자유롭게 행동하지 못할 것입니다. 부모는 아이들을 편안하게 만들 수도, 불편하게 만들 수도 있는 존재입니다. 따라서 부모가 사고방식을 바꾸고, 이를 아이들에게 표현해야 합니다. 부모가 아이의 부담을 덜어주기 시작하면 아이들도 부담을 덜고 그동안 숨겨왔던 속마음들을 말하기 시작할 것입니다.

수학 문제를 퍼즐 게임처럼?

★ 아이들이 수학을 싫어하는 이유는 대부분 버거운 문제를 파고들어 정답을 맞혀야만 하는 상황이 주는 압박감 때문입니다. 이 상황에서 벗어나기만 해도 수학에 대해 다른 느낌을 가지게 됩니다.

1. 틀릴 것 같은 문제는 스스로 걸러내고 만만한 문제만 골라 풀어본다.
: 답을 틀리는 데서 받는 부정적인 감정으로부터 최대한 아이를 보호하고, 자기주도적으로 과제를 선정해서 문제에 접근해볼 수 있도록 하는 방법입니다. 이를 통해 부모는 아이들이 겁내는 부분을 파악할 수 있고, 아이는 문제들을 해결하는 성취감을 통해 수학에 대한 두려움을 조금씩 걷어낼 수 있습니다.

2. 문제를 일부러 틀려보고 어디서 왜 틀렸는지 창의적으로 설명해본다.
: 문제를 맞히는 게 목적이 아니라 그저 문제에 대해 자유롭게 생각해보는 것이 목적인 활동입니다. 정답을 맞혀야 한다는 부담에서 벗어나 자신이 알고 있는 정보를 총동원해 문제를 분석해보고 틀린 이유를 창의적으로 설명하는 과정에서 논리적 사고력까지 기를 수 있습니다. 무엇보다 중요한 것은 수학공부가 나름 재미있다는 사실을 아이들에게 일러줄 수 있다는 점입니다.

이제, 부모로서 살겠습니다

중요한 건 호기심과 재미를 잃지 않는 것! 그동안 습관대로 공부하고 아이에게도 그 습관대로 시킬 뻔했는데 흥미가 중요하다는 중요한 사실을 일찍 알아서 다행이라는 생각이 듭니다. 2학년 올라와서 수업이 재미있고 학교가 재미있다는 아이의 말에 보람을 느낍니다. 정말 감사합니다.

– 회복 님

이 강의는 저에게 넓은 시야와 다른 관점을 열어주었어요. 작은 일엔 쉽게 흥분하면서도 정작 더 큰 문제에는 무심했다는 것을 깨닫게 해주었지요. 당장 눈에 보이는 성적에는 민감하면서, 아이 머릿속에서 호기심이 사라지고 마음이 닫히는 것은 잘 보지 못했어요. 이제는 자기가 좋아하는 주제들을 찾아 학습만화에서부터 차근차근 흥미를 발전시켜 나가는 모습을 보니 나름대로 뿌듯함을 느껴요. 조급해하지 않으려고요. 결국엔 이 활동들이 진정한 학습능력을 발전시켜 줄 테니까요.

– alloa73 님

2 공부의 맛을 회복하자!

그동안 힘드셨지요?

소연이 부모는 최근 특목고에 입학한 소연이 때문에 걱정이 많다. 중학교 때까지는 무조건 외워서라도 어떻게든 버텼는데 특목고에서는 그동안 감당하던 공부량으로는 살아남을 수 없을 것 같아서다. 그동안 겨우 버텨온 딸이 쓰러지지는 않을까, 걱정이 앞선다.
어쩔 수 없이 학원에 보내봐야 할 것 같은데 특목고 전문 학원의 설명을 들어보니 과연 우리 아이가 버틸 수 있을지 걱정이 된다. 하루 종일 이어지는 수업에 숙제는 왜 그렇게 많은지. 안 그래도 공부 부담 속에서 겨우 정신을 유지하고 있는 상태인데 혹시 공부를 아예 놓아버리지는 않을까 걱정이 된다. 그래도 학원에 안 다니자니 바로 뒤처질 것 같아서 그건 또 그것대로 견딜 수가 없다. 정말 이렇게 아슬아슬한 줄다리기를 버텨야 명문대에 진학할 수 있는 것일까?

하지만 이번 장을 읽고 나면!

★ 너무 빠른 진도, 버거운 공부량 때문에 좌절할 수밖에 없었던 과거로부터 벗어나게 됩니다.

★ 자신의 개성을 무시당한 채 무작정 인내하라고 강요받는 악습에서 벗어나게 됩니다.

★ 두뇌에 적합한 발달과정 및 두뇌의 작동 방식을 이해하고 이에 따라 새로운 공부를 시작할 수 있습니다.

인간은 조작할 수 없다

부모가 의도한 대로 아이들을 만들어나갈 수 있을까요? 빡세게 굴리다 보면 부모가 원하는 대로 스케줄에 적응할 것이라 믿는 부모들이 많은데, 안타깝고 놀랍게도 인간은 결코 밖에서 조작할 수가 없는 존재입니다. 부모가 아이를 조작하려고 시도하는 순간 아이의 불행이 시작된다는 사실은 소아청소년 신경정신과에서 이미 보편적으로 받아들여지고 있어요.

조작할 수 없다면 도대체 아이를 어떤 방법으로 통제할 수 있을까요? 부모가 할 수 있는 것은 아이에게 묵묵히 본을 보임으로써 부모를 닮아가기를 기대하거나 부모가 아이의 개성에 맞춰 따라가는 방법뿐이에요. 아이의 마음과 행동을 공산품 만들 듯 조립하는 것은 불가능해요. 왜냐고요? 기본적으로 유전자가 다르니까요. 아무리 나를 쏙 빼닮은 아이라 해도 나와는 완전히 다른 사람입니다. 부모한테 적합한 방식이 아이한테도 적합하다고 보장할 수는 없어요. 아이는 그 아이만의 독특한 유전적 개성을 갖고 있답니다.

또 다른 이유는 아이의 뇌가 발달 초기에 이미 상당 부분 형성되기 때문입니다. 뇌 신경세포의 발달과정을 살펴보면, 출생 후부터 11세가 되기 전까지 신경세포의 가지치기 과정이 진행됩니다. 생애 초기에는 자기가 어떤 환경에 적응해야 할지 모르기 때문에 최대한 많은 뉴런 연결을 만들어내지만 생존 환경에 10년 정도 적응하고 난 뒤에는 어떤 능력을 강화시키고 어떤 능력을 쇠퇴시킬지 정리할 수 있게 되므로 뉴런 연결을 효율화하는 과정에서 상당한 수의 뉴런 연결이 제거되는 것이지요.

또 남자와 여자라는 유전적 차이도 있겠지요? 실제로 엄마가 통곡을 하며 울면 여자아이는 엄마를 따라 울기 시작하지만 남자아이는 엄마를 외면하거나 심지어 웃기까지 한답니다.

따라서 이미 초등학교 4학년 즈음 자란 아이를 부모가 마음대로 바꿔볼 수 있다고 생각한다면 엄청난 착각입니다. 물론 윽박지르고 화를 내면 당장 말을 듣기는 하겠지만 그것으로 아이의 성향까지 조작할 수 있는 것은 아닙니다. 이미 아이의 고유한 개성이 자리 잡았을 테니까요.

어떤 아이가 우수한 아이일까?

아이들은 저마다 개성에 맞게 다양한 방식으로 세상을 이해합니다. 면적과 압력의 관계를 배우는 데 있어서도 어떤 아이는 뭉툭한

못과 뾰족한 못을 실제로 박아보며 이해하고 어떤 아이는 면적과 압력의 관계에 관한 공식을 보고 이해합니다. 그럼 둘 중 누가 더 우수한 아이로 자랄까요?

즉각적으로는 공식을 보고 이해하는 아이일 것이라 생각됩니다. 사실 현재의 전통적인 교육체제 내에서는 이러한 이해 방식에 뛰어난 친구들이 우수한 성적을 거둘 가능성이 큽니다. 안타깝게도 운동감각 위주로 세상을 이해하는 아이들은 전통적 학교체제 안에서 능력을 충분히 발휘하지 못하는 경우가 많은 것도 현실이고요.

하지만 결국 우수한 어른으로 성장하는 것은 '자기 방식을 찾은 아이'입니다. 운동감각이 발달한 아이는 운동감각을 살려 공부하는 방법을 찾으면 되고 노트 필기를 잘하는 아이는 자기만의 필기 방식을 발달시켜 공부하는 것이지요.

독서 후에 감상문을 잘 쓰는 아이가 성공할까요? 그렇지 않습니다. 글로 표현하는 게 좋은 아이가 있으면 자기 내면의 느낌으로 처리하는 게 훨씬 수월한 친구도 있습니다. 심지어 마음의 소리를 몸짓이나 음악으로 표현하는 게 즐거운 아이도 있을 수 있지요.

아이가 지닌 특정 성향이 결정적 승부에 있어 절대적으로 우월하다고 판단할 수는 없습니다. 오직 자기 개성에 맞는 방법을 찾아 성공적으로 적응한 사람만이 자기 역량을 탁월하게 기를 수 있습니다. 단 하나의 기술, 방법, 역량, 영역 등을 모두에게 들이밀면 부작용이 나타날 뿐이에요.

개성을 살리는 게 자기주도학습이다

그렇기 때문에 부모는 아이가 자기 개성을 파악하고 수많은 시행착오 속에서 자기한테 맞는 방식을 찾도록 도와야 합니다. 이 과정에서 아이는 '공부의 맛'을 깨닫게 될 겁니다. 자기가 좋아하는 방식대로 편안하게 공부하기 때문에 즐겁고 안정적으로 공부를 지속할 수 있지요. 이러한 과정이 바로 자기주도학습의 전형적인 모습입니다.

정답은 밖에 있지 않습니다. 내 아이의 개성 안에 있어요. 아이의 개성을 존중해주는 것이 기본입니다. 특정 기준을 절대적인 것으로 들이밀지 마세요.

부모와 아이 모두 초보자다

아이가 자기 개성에 맞는 방법을 찾았다면 연습을 통해 그 방법을 숙달해야 합니다. 부모 역시 아이를 자기주도적 학습자로 키우기 위해서는 다양한 방법들을 꾸준히 연습할 필요가 있습니다. 우리 모두 자기주도학습에 있어서는 초보자인 셈이지요. 따라서 초보자로서의 서툰 진행을 서로 이해해줄 수 있어야 하고 느리고 더딘 것을 당연하게 받아들여야 합니다. 부모가 아이를 지도하는 데 있어서도 아이가 초보자 단계를 거치는 모습을 너그러운 마음으로 함께해주어야 합니다. 아이가 본인에게 맞는 방법으로 꾸준히 연습할 수 있도록 지속적으로 다독여주는 게 부모의 역할입니다. 만약 여기서 옛 버릇이 나와 갑자기 아이에게 의지를 강조하며 열심히 하라고 다그치다가는 모든 걸 망칠 수도 있어요.

전통학습의 맹점들

뇌과학의 지혜를 빌려서 공부의 맛 되찾기에 박차를 가해봅시다. 미국 듀크대 교수가 발표한 연구에 따르면 초등학생들이 숙제를 통해 얻을 수 있는 학습 이득이 별로 없다고 합니다. 읽기활동에서 그나마 약간의 효과가 있는 정도고 쓰기활동은 거의 학습효과가 없다고 합니다. 우리의 전통적인 학습체계에서 그렇게 강조되는 학습활동 중 하나가 바로 숙제인데, 이 활동이 교육적으로 부적합하다고 하니 정말 충격적입니다.

이유는 이렇게 설명될 수 있습니다. 우리 몸에 전달되는 자극들이 두뇌에서 의미 있는 정보를 구성하려면 일정량 이상의 자극이 모아져야 합니다. 그래야 시냅스에서 발화작용이 충분히 일어나 신경세포에 유의미한 변화를 주기 때문이지요. 이때 두뇌로 향하는 자극은 감정 여과장치에서 걸러지는데, 하기 싫다는 감정이면 뇌에 미미한 자극만이 전달됩니다. 아이들이 숙제를 할 때는 학습내용에 대해 긍정적이기보다 무작정 빨리 끝내야 한다는 부정적 정서가 크지요? 의무적으로 부과된 숙제가 두뇌에 의미 있는 학습 이득을 남기지 못하는 주된 이유가 여기 있습니다.

충격은 여기서 멈추지 않습니다. 우리는 보통 가만히 앉아 조용히 공부하는 게 가장 적합한 학습활동이라고 생각합니다. 그런데 이러한 생각을 완전히 깨버리는 실험이 있습니다. 얼굴 사진과 이름을 컴퓨터 화면에서 빠르게 지나가도록 만들어놓고 학생들에게 지나간 정보들을 암기하도록 했습니다. 그리고 학생들을 두 그룹으로 나눠 한쪽 그룹은 조용히 휴식을 취하게 하고 다른 그룹은 실내 자전거를 타게 했습니다. 이후 이들을 모두 불러서 아까 외운 것들을 기억해보라고 했어요. 어떤 그룹이 더 잘 외웠을까요?

보통 가만히 공부하고 조용히 휴식을 취한 그룹이 더 잘 기억할 것이라 기대합니다. 하지만 결과는 반대였어요. 실내 자전거를 탄 그룹이 훨씬 잘 기억해냈습니다. 비밀은 BDNF라고 불리는 신경성장인자 물질에서 찾을 수 있습니다. BDNF가 분비되면 뇌 신경세포의 성장이 촉진되는데, 이 물질은 운동을 할 때만 분비된다고 합니다. 그래서 자전거를 탄 학생들이 학습한 내용을 더 정확하게 기억할 수 있었던 것이지요. 실제로 관련 연구들을 살펴보면 신체활동량이 많은 아이들이 기억을 생성하는 기관인 해마의 크기도 더 크고 더 높은 학업성취도를 얻었다는 보고를 많이 찾아볼 수 있습니다.

아직도 4당5락?

우리가 대표적으로 오해하는 것 중 하나가 바로 잠에 대한 부분입니다. 아직도 '4당5락'을 믿는 분들이 많아요. 학생들도 걸핏하면 잠을 줄이겠다는 선언으로 의지를 표현합니다. 잠을 다섯 시간, 네 시간, 세 시간으로 점차 줄여가며 무리하게 정보를 집어넣고는 오늘 공부 많이 했다는 뿌듯한 마음으로 잠자리에 들지요.

그래도 눈물 나는 노력으로 나름의 학습 이득을 얻으면 다행인데 안타깝게도 진실은 정반대입니다. 우리 두뇌는 의식활동을 벌이는 동안에는 입력된 정보를 정리할 여유가 별로 없습니다. 일단 입력된 정보를 그때그때 처리하기 바쁘지요. 그래서 방금 배운 화학공식, 아까 배운 문학작품이 지금 당장은 머릿속에 일목요연하게 정리되지 못하고 있어요. 일단 당장의 일이 바쁘니까 대충 여기저기 우겨넣을 뿐이지요. 장사하다 말고 돈 정리하는 장사꾼이 있나요? 같은 이치입니다.

그럼 장사꾼이 돈 정리를 언제 하나요? 영업시간 다 끝나고 느긋하게 쉴 때 합니다. 그때서야 여기저기 대충 우겨넣은 돈들을 한데 모으지요. 그러고는 얼마를 현금으로 보유하고 얼마를 은행에 넣을지, 얼마를 재투자에 사용할지 등을 정리합니다.

두뇌도 마찬가지예요. 하루 종일 공부한 내용들은 수면 상태에서 본격적으로 정리되기 시작합니다. 낮에 깨어 있는 동안 입력된 모든 정보들을 하나하나 되짚어보면서 '이 정보는 여기에 저장하고 저 정보는 다른 것과 연결해서 개념 지도를 만들자. 이런 정보들은 별로 중요하지 않으니 망각시켜 버리자.' 하고 정리하는 것입니다.

따라서 수면을 충분히 취하지 못하면 낮에 아무리 많은 정보를 입력했어도 뒤죽박죽인 채 방치되는 정보만 많아질 뿐이에요. 그래서 분명 얼마 전에 열심히 공부한 내용도 마치 처음 공부하는 것처럼 아리송한 경우가 생기는 겁니다. 기억을 정리하고 저장하는 데는 수면의 질과 양이 뒷받침되어야 합니다. 아이가 잠을 줄이겠다고 객기를 부린다면 위의 내용을 친절히 설명해주세요. 잠을 더 자도 된다는 사실을 알면 금세 얼굴에 화색이 돌 것입니다.

조기 영어교육, 정말 필수일까?

> 최근 수십 년간 대중매체들은 '유아기에 자극이 충분하지 않은 것이 미국 아이들의 학업성취도 부진 원인'이라고 주장해왔다. … 부모들은 가능한 모든 자원과 노력을 동원해 자녀에게 더 많은 자극과 기회를 주어야 한다는 강박에 시달린다.
>
> 《프랑스 아이처럼》, 파멜라 드러커맹, 이주혜 역, 북하이브

미국의 조기교육 열풍을 지적하고 있는 부분인데 우리나라 사정이 미국보다 낫다고는 하지 못하겠네요.

조기교육 열풍을 몰고 온 주범은 '결정적 시기' 이론에 대한 대중매체의 집중 보도였습니다. 결정적 시기 이론은 일명 고양이 실험으로 대중들에게 알려지기 시작했습니다. 그 내용은 이렇습니다. 갓 태어난 고양이의 눈을 꿰매어 빛을 차단했다가 3개월 후에 풀어주니까 생후 5년이 지나도록 시력이 회복되지 않았습니다. 반면 성숙기에 도달한 고양이의 경우에는 1년 동안 빛을 차단했는데도 시력이 손상되지 않았어요. 즉 시력발달에는 결정적 시기가 있으니 이 시기에 자극이 주어지지 않으면 발달에 심각한 장애가 초래될 수 있다는 주장이에요.

그런데 이 연구가 대중매체를 통해 '두뇌에는 결정적 발달 시기가 있다.'는 생각으로 퍼져나가기 시작했습니다. 그리고 언어발달이 집중적으로 전개되는 유아기에 외국어를 가르쳐야 한다는 주장의 이론적 근거로 자리 잡게 되었습니다. 여전히 우리나라를 휩쓸

고 있는 조기유학, 영어유치원과 같은 상품들도 대부분 이 이론에 근거해서 제작되었다고 보면 됩니다.

하지만 이러한 주장은 오해와 착각일 뿐입니다. 뇌의 발달단계를 살펴보면 무슨 말인지 알게 될 것입니다. 우리 두뇌는 생명과 관련된 부분이 제일 처음으로 발달합니다. 건설로 비유하자면 기초공사라고 볼 수 있어요. 그리고 그 위에 도덕심, 창의력 등의 감정을 다루는 부위를 발달시킵니다. 1층을 짓는 과정이지요. 그리고 다음으로 인지활동, 학습활동을 담당하는 부위가 발달합니다. 여기가 2층이에요.

미취학 아동기에 있는 아이들은 기초공사를 마치고 1층을 짓고 있는 상황입니다. 그런데 만약 기초공사가 아직 완성되지 않았거나 1층 공사가 튼튼하게 마무리되지 않은 상태에서 2층 공사를 진행하면 어떻게 될까요? 건물 전체가 무너지겠지요. 그런데 안타까운 것은 2층 공사가 한참 진행되어 육중한 하중을 가질 즈음이 되어서야 부실함이 드러나기 시작한다는 사실입니다. 부실공사라는 것을 깨달았을 때는 이미 건물 자체가 상당한 위험에 처한 다음이라는 얘기입니다. 심지어 그 책임을 대개 아이의 나태함에 전가하는 경우도 부지기수입니다.

당장 아이가 아무 문제 없다며 안심하지 마세요. 1층 공사에서 작은 틈이 생기면 시간이 지남에 따라 점점 더 벌어져 결국 끔찍한 참사를 부르는 경우가 적지 않습니다. 인생에는 결코 '생략'이 없어요. 필수적 과정을 충실히 거치지 않아 기본 단계 중 어딘가에 문제가 발생하면 그 과정을 제대로 정비해야 하는 순간이 반드시 찾아옵니다. 너무 늦게 깨달으면 고칠 기회조차 갖지 못할 수도 있어요.

이 문제 때문에 우리 곁을 떠난 불쌍한 아이들이 너무나도 많습니다. 그중 경북의 한 명문 자사고에서 전교 1등을 차지한 친구가 갑자기 스스로 목숨을 끊은 사건이 있습니다. 평소에 우울증을 앓은 적도 없고, 학교 폭력에 시달리던 아이도 아니었기에 그 충격은 더 컸습니다. 자살하는 날 부모님께 "제 머리가 심장을 갉아먹고 있는데, 더 이상 못 버티겠어요."라는 메시지를 하나 남기고, 그렇게 떠나버렸습니다. 머리가 심장을 갉아먹는다니, 무슨 뜻일까요. 1층 공사를 해야 할 시기에 감성적 적응력을 충분히 훈련하지 못하고 곧바로 입시 경쟁을 위한 2층 공사 즉 지식 습득에 뛰어드는 바람에 마음이 너덜너덜해져서 견딜 수 없다는 뜻을 전한 표현일 겁니다.

아이들은 어렸을 때 부모님과 놀면서 안정적인 애착관계를 형성하고, 호기심으로 이것저것 해보다 성공도 하고 실패도 하면서 다양한 감정들을 다루는 능력을 기르게 됩니다. 그런데 이 시기에 충분히 감성적 적응력을 발달시키지 않고 무작정 학원으로 밀어붙이는 분들이 너무 많아요. 부모가 공부 욕심 때문에 감정 훈련의 기회를 빼앗으면 이것이 시간이 지나면서 커다란 균열로 확장됩니다. 그러다 아이가 감정적 통제력을 크게 요구하는 도전에 맞닥뜨리면 그 부담을 견디지 못하고 무너지게 되는 겁니다.

특히 어렸을 때부터 영어를 해야만 한다면서 아이에게 장난감을 빼앗고 영어 교재부터 강제로 들이미는 부모가 한국에 너무나도 많습니다. 하지만 기본적으로 외국어는 모국어를 안정적으로 습득한 다음에 시작하는 것이 안전합니다. 먼저 정서적인 안정감, 도덕심의 발달, 흥미와 호기심의 건강한 발현과 같은 기초공사를 마무리한 후에 습득해도 절대 늦지 않아요. 특히 영어를 완전히 모국어로 정착시킬 수 있는 조건이 아니라면 부적절한 시기의 외국어학습은 건물 공사 전체를 망가뜨릴 수 있습니다.

학교공부가 중요한 이유

그렇기 때문에 공부의 기준을 학교 진도로 잡아야 합니다. 학교공부는 발달단계와 학습원리에 맞춘 교육과정에 따라 진행되고 아이가 그때그때 필요한 시행착오와 연습과정을 충분히 경험해볼 수 있도록 알맞은 진도로 전개됩니다. 당장의 발달단계에 적합하지 않은 과정을 강요하며 이에 따른 시행착오를 나태 혹은 무능함으로 규정하는 선행학습 프로그램과는 정반대 성격을 가진 건강한 교육 프로그램이지요.

보통 속성으로 빠르게 진도를 나가는 학원 프로그램은 초등학생 아이한테 에베레스트에 오르라고 하는 것과 같아요. 하지만 학교공부 진도를 따라가면 아이가 지금 배우기에 가장 적합한 내용들이 차근차근 진행되므로 아이가 스스로 지식을 터득하고 기술을 충분히 숙달할 수 있도록 너그러운 마음으로 지켜봐줄 수가 있어요. 부모는 아이가 주체적으로 이 과정을 이끌어갈 수 있도록 뒤에서 지원해주기만 하면 됩니다. 불가피하게 학원이나 과외 수업을 받게 되더라도 학교 진도를 보충하는 차원에서 이용하고, 공교육 시스템처럼 충분한 시행착오와 훈련을 거칠 수 있도록 구성된 프로그램을 선택하는 것이 좋습니다.

몰입의 원칙을 지켜라

공부의 맛은 몰입에서 나옵니다. 아이가 가끔 시간 가는 줄도 모르고 배가 고픈지도 모르게 집중하는 활동이 있지요? 아마 그게 시험공부는 아니었을 거예요. 자기가 굉장히 좋아하는 게임이나 만화, 소설 등이었을 것입니다. 공부에 있어서도 그렇게 몰입을 하려면 어떤 조건이 필요할까요?

몰입이란 두뇌가 최고로 집중한 상태를 말해요. 이 상태에서는 시간감각도 둔해지고 심지어 자기 자신을 감각하는 느낌조차도 흐려집니다. '물아일체의 경지'라고 보아도 무방하지요. 이러한 몰입 상태에 들어가기 위해서는 몇 가지 조건이 필요합니다. 첫째는 '동기'입니다. 두뇌를 움직이는 것은 이성보다 감성이에요. 뇌가 중요하게 여기는 자극이 '재미'라는 것도 앞서 말한 바 있습니다. 즉 최대한 즐겁게 할 수 있는 활동에 집중할 때 몰입 상태로 들어갈 수 있어요. 두 번째 조건은 '중립성'입니다. 자신의 외부적 동기 즉 돈, 명예, 권력, 지위 등의 이해관계와 관련이 없는 과제일수록 몰입이 일어날 확률이 높아요. 특목고 입시, 대학 입시라는 세속적 목표 말고 활동 자체가 주는 즐거움이 목표가 될 수 있을 때 몰입이 일어나지요. 세 번째는 '성취'입니다. 활동이 주는 즐거움에 집중할 수 있는 일이라 해도 너무 어렵거나 너무 쉬우면 몰입하기 힘듭니다. 우리가 가진 능력이 10 정도라면 이 정도 수준에서 만만하게 도전해볼 수 있는 영역인 11, 12 정도의 활동에 집중할 때 몰입이 가장 잘됩니다. 그러니 공부를 아무리 재미로 한다고 해도 너무 어려운 문제집을 풀거나 너무 쉬운 강의를 듣는다면 몰입이 일어나지 않겠지요?

결국 위의 조건들이 무난히 충족되는 '취미활동'에서 몰입 상태가 되기 쉽습니다. 아이들이 게임을 하거나 소설을 읽는 것도 전부 취미활동이지요. 부모님 중에도 요리, 낚시, 스키 등의 취미 혹은 취미에 준하는 활동에서 몰입감을 느껴본 분들이 있을 것입니다. 공부를 취미로 받아들이는 경지에 이르면 학습활동이 얼마나 행복할까요? 잠깐 상상해보는 것만도 정말 눈물 나게 짜릿하네요.

덧붙여 자녀교육의 관점에서 몰입을 생각할 때는 한 가지 조건을 더 고려해야 합니다. 바로 '관계'의 문제예요. 아이의 학습활동에 조력자가 되는 부모가 아이의 활동에 대해 어떠한 반응을 보여주는지에 따라 아이의 몰입 여부, 몰입 정도가 달라진다는 이야기입니다. 만약 아이가 수학에 재미를 느껴서 열심히 집중했는데 결과적으로는 평균에 못 미치는 점수를 받아왔다고 해봅시다. 이때 부모가 상대적 점수에 연연하면서 아이에게 좌절감을 심어준다면 아이가 공부를 포기할 가능성이 생기겠지요? 반대로 재미와 노력 자체를 칭찬해주고 외부적 동기인 점수에 좌절하지 않을 수 있도록 격려해준다면 아이는 점점 더 건강하게 발전해나갈 수 있을 것입니다.

어른이 되어가는 과정, 사춘기

이번엔 뇌과학의 지혜를 빌려 '성장'의 문제도 고민해보지요. 학습도 큰 고민이지만 아이가 커나가며 부모와 부딪치는 일이 잦아져 고민인 분도 많을 겁니다. 그래서 사춘기는 자녀교육에 있어 가장 어려운 시기라고도 하지요. 그러나 이 시기의 특성을 파악하면 자연스러운 성장의 과정으로 받아들일 수 있습니다.

사춘기에 접어든 아이들은 기본적으로 정서의 강도가 강렬해지고 기복도 심해집니다. 어른들의 말이라면 반기부터 들고 함께 어울리는 친구들의 인정 속에서 자기 가치를 확인하지요. 이런 시기의 아이들을 통제하려고 했다간 더 크게 튀어나가는 경우가 많아요. 왜 이 시기만 되면 안 그러던 애들조차도 그렇게 삐딱해질까요?

이 시기 아이들은 어렸을 때의 경험을 바탕으로 뉴런 연결의 가지치기 단계를 맞이합니다. 이제 세상에 대한 경험을 어느 정도 쌓은 사춘기 즈음의 두뇌는 자신이 적응해야 하는 환경의 범위가 잠정적으로 결정되었다고 판단하여 에너지 사용의 효율화를 위해 필요 없어 보이는 가지들을 정리하게 됩니다.

이와 더불어 들끓는 감각과 욕구들을 분별해서 명령을 내리는 전두엽 또한 이 시기에 집중적으로 발달해요. '컨트롤 타워' 역할을 하는 전두엽에서 앞으로 어떤 가치를 기준으로 외부자극들을 변별할지에 대한 고민을 시작하지요.

사춘기 시기의 두뇌는 자신이 처한 환경에 적절히 대응하는 건장한 성인으로 살아가기 위한 혁명을 이뤄냅니다. 자신에게 주어진 환경에 적절히 대처할 분별력의 기준을 바르게 설정하기 위한 방황이 벌어지는 시기가 사춘기인 것입니다. 그리하여 사춘기는 자신이 살아갈 세계에 대한 이해를 정리하고 미지의 환경에 적응하는 연습에 돌입하는 단계입니다. 앞으로 자신의 여생 동안에 겪게 될 무수한 환경 변화에 적절히 적응하기 위한 예행연습을 하는 시기이지요. 그래서 새로운 환경은 물론, 일상적으로 반복해온 일과조차도 낯선

시선으로 바라보게 해서 새로운 시각으로 문제 해결을 도모하는 연습을 하게 만듭니다. 그러니 자연스레 사춘기 아이는 자기 자신이 누구인지, 학교는 무엇인지, 왜 공부를 잘해야 되는지에 대해 낯설게 느낄 수밖에 없고, 새로이 고민하게 되는 것이지요.

어떤가요? 다양한 측면에서 사춘기의 아이들을 바라보고 나니까 더 이상 그저 '질풍노도'의 말썽꾸러기들로만 바라볼 수는 없겠지요? 사춘기 청소년들은 장차 훌륭한 어른으로 자라나기 위한 준비를 다양한 측면에서 진행하고 있는 겁니다. 혼란과 혼동, 분노, 흥미와 재미 등이 동시에 뒤얽혀 마냥 즐겁다가도 갑자기 우울해지는 게 이 시기입니다. 우리도 이런 시기를 거쳐 어른이 되었습니다. 따라서 부모들이 사춘기 아이들에 대해 가져야 할 태도는 한없는 공감과 위로, 지지와 격려입니다. 더 이상 왜 반항하냐며 윽박지르지 말고 오직 사랑으로 아이들을 품어주세요.

우리가 나아갈 길

> 학생들이 직접 자신의 학습속도에 맞춰 수업 주제에서 자신이 관심 있는 부분을 선택하고, 그 내용을 어떤 식으로 학습할지 몇 가지 학습방법을 선택할 수 있는 기회를 주어 학습내용에 주의를 꾸준히 기울이게 한다.
>
> 《수업혁명2》, 주디 윌리스, 이찬승·김계현 공역, 한국뇌기반교육연구소

앞서 소개한 바 있는 인용구에는 우리가 지향해야 할 방향이 압축적으로 설명되어 있습니다. 아이를 건강한 자기주도적 학습자로 길러내고 싶다면 이 문구에서 제시하는 조건들을 기준으로 양육 지도의 방향성을 명확히 세워야 합니다.

더 이상 내 아이를 부모들 간의 자존심 대결을 위한 도구로 삼아 조작하고 통제하려고 하면 안 됩니다. 대신 부모 스스로가 아이에게 자랑거리가 되고자 하는 마음으로 자신의 삶을 스스로 건강하게 꾸미고 그 바탕 안에서 아이를 존중하고 배려하고 사랑해주는 게 부모가 할 수 있는 최선의 역할입니다.

아이가 건강하게 변하는 데는 아주 오랜 시간이 필요할 것이라 생각하겠지만 그렇지만도 않습니다. 한 달도 안 돼 극적인 변화가 생겼다며 감사 편지를 보낸 분도 있었어요.

아이가 무엇에 호기심을 보이는지 면밀히 관찰하고, 그 호기심을 발전시킬 수 있는 자료를 제공하는 정도로 지원해주세요. 그리고 아이가 그걸 갖고 하루 종일 열심히 노는 과정을 같은 눈높이에서 함께 즐겨주면 됩니다. 이것이 평범한 가정 안에서 사교육 등의 특별 지도에 의지하지 않고 아들을 만 15세에 서울대에 입학하는 수학 천재로 키워낸 '수홍이 엄마' 허종숙 씨의 양육 방식이었어요. 여러분의 가정에서는 어떤 희망들이 자라나고 있나요? 이제 아이를 새로운 눈으로 바라볼 준비가 되었나요?

이제, 부모로서 살겠습니다

통제가 되지 않는 큰아이를 키우며 느꼈던 갈등 속에서 이제 조금씩 자유로워지고 있는 제 자신이 행복합니다. 아이들과 제가 행복해질 수 있는 길이 여기 있었네요. 평생 '맛있는 공부'를 할 수 있도록 돕고 싶어요. 그것은 철저히 아이 스스로 찾아가는 과정이 되겠지만 아이들이 '호기심'을 잃지 않도록 돕기를 스스로 결심해봅니다.

– 토끼세마리 님

이번 강의를 들으면서 우리 큰애 얼굴이 많이 떠올랐습니다. 초등학교 입학부터 지금껏 수학에 고전하면서 아이와 많은 다툼이 있었습니다. 재미난 방법을 찾아주려 노력해야 하는데, 엄마가 먼저 지쳐서 아이에게 늘 짜증스러운 모습만 보인 것 같아 미안합니다. 내가 좀 도와줄까 하면 손사래부터 치는 아이. 지금 기숙사에서 혼자 씨름할 아이를 생각하면 이런 강의를 좀 더 일찍 들었더라면 하는 아쉬움이 크네요. 오늘도 반성문 같은 글을 쓰면서 아이에게 위로와 위안을 주려 애씁니다. 이제부터는 한 줄 문자로라도 안부를 묻고, 스트레스 줄이며 공부할 수 있는 길을 같이 찾아봐야겠습니다.

– 햇살참살 님

자기이해지능을 발달시키는 일기 쓰기

성공하는 사람들의 공통점을 분석해보면 '자기이해지능'이 출중하다는 결과가 꼭 나옵니다. 일기를 쓰거나 명상을 하는 방법으로 자기 자신에 대해 성찰하는 시간을 습관적으로 가졌고, 여기서 훈련된 지혜로 삶을 성공적으로 살아낼 수 있었다는 겁니다. 자기 자신을 얼마나 명철하게 이해하고 있는지가 성공의 필수조건이 될 수 있다는 말이겠지요.

우리 뇌는 과거를 회상할 때 자연스럽게 성찰하는 과정을 거칩니다. 이를 통해 개선으로 나아가지요. 어제 축구 경기에서 혹은 지난주 발표 때 자신이 어떻게 행동했는지, 어떻게 해야 더 좋은 결과를 낼 수 있었는지에 대해 고민하면서 자연스럽게 발전해나가는 겁니다. 이 지능을 습관적으로 숙달시켜서 발전시키는 게 굉장히 중요하겠지요?

'일기 쓰기'만으로도 자기이해지능 발달에 좋은 효과를 얻을 수 있습니다. 일기는 자기의 하루 생활을 성찰하며 느낌을 객관화하고 사고를 펼쳐놓는 훌륭한 훈련 도구이자 정서적 안정을 돕는 친구입니다.

그렇다고 꼭 일기를 써야만 하는 것은 아닙니다. 사람마다 각자 좋아하는 성찰 방식이 있을 것입니다. 어떤 아이는 명상이 더 잘 맞을 수 있고 어떤 아이는 산책하는 것을 좋아할 수도 있겠지요. 또 어떤 아이에게는 엄마나 친구와 수다를 떠는 것이 적합할 수도 있고요.

우리 아이가 좋아하는 자기 성찰 방법을 함께 찾아보세요. 이때는 자녀의 인격과 개성을 존중하고 격려하고 지지하는 차원에서 제안해야 합니다. "이게 좋다니까 꼭 해봐. 이따 검사할 거야." 이런 식이라면 그 어떤 환상적인 방식에도 거부감이 들기 마련입니다.

사실 이 활동을 열심히 해야 할 대상은 자녀보다 오히려 부모들입니다. '오늘 자녀에게 무엇을 어떤 방식으로 제시했더니 거부감을 갖더라. 어떻게 했더니 좋아하더라. 아이의 말에 갑자기 화가 났는데 어떻게 하니까 또 금세 진정이 되더라.' 이런 일들을 매일 정리해볼 수 있다면 날이 갈수록 자녀 키우는 일이 수월해질 것입니다. 부모가 먼저 실천해보고 그 시행착오와 연습을 통해 얻은 교훈들을 아이와 함께 나눠보는 것은 어떨까요?

5강

'행복한 공부' 망치는 환경 뛰어넘기

"'엄친아'와는 거리가 먼 우리 아이, 부모로서는 그저 자기 속도와 방향을 지켜주고 싶지만, 학부모로서는 옆집 아줌마 말이 신경 쓰입니다. 비교하고 무시해야 정신을 차릴까요? 아닙니다. 공감하고 존중해주면 스스로 살아납니다."

1 너 성적이 그게 뭐야?

그동안 힘드셨지요?

"선행을 안 했으니 당연하지!"

"더 늦기 전에 서두르지 않으면 큰일 나요."

"그러다 아이가 자신감 잃으면 어떻게 하려고 그래요?"

"그 집 애는 그 학원 다니면서 성적 많이 올랐대요."

"돈이 그렇게 아까워요?"

하지만 이번 장을 읽고 나면!

아이가 낮은 점수를 받아오면 아이 부모는 거의 무차별적인 폭격을 받습니다. 아이를 믿고 자기주도적으로 공부할 수 있도록 지원하는 부모에게는 더 심한 압력이 가해집니다. 아직 자기주도적 학습으로의 발걸음에 확신이 부족한 경우에는 이러한 공격에 많이 흔들릴 수밖에 없습니다.

여기서 살아남으려면 저 말들을 이겨내야 합니다. 옆집 아줌마들과 말싸움을 해서 이기라는 말이 아닙니다. 최소한 우리 가정 안에서는 자유로운 분위기를 지켜내야 한다는 말입니다.

한 번 뒤처지면 끝이다?

고등학교 2학년인데도 'I love you.'가 무슨 말인지 몰라 사전을 찾는 학생이 있었습니다. 당시 전교생 755명 중 750등을 했다고 합니다. 중학교 2학년인데도 초등 수준의 수학 공식이나 영어단어를 모른다는 학생도 있었습니다. 중학교 3학년 때 전교생 100명 중 90등을 하면서 수학은 그냥 숫자요 영어는 그저 그림이었다는 학생도 있었습니다.

어떤가요? 절망적인가요? "한 번 뒤처지면 끝난다!"고 말하는 우리 사회의 통념대로라면 이 아이들은 희망 없는 낙오자에 불과합니다. 특히 고등학교 2학년 때 'I love you.'를 몰랐다는 학생, 지금 밥이나 먹고 살까 궁금할 겁니다.

전교 최하위권이던 그 친구는 지금 사법연수원을 졸업한 상태입니다. 함께 소개한 중 2, 중 3 열등생도 각각 서울대학교와 의대에 합격했고요. 강남 아줌마의 시각에서 이 친구들은 그냥 뒤처진 정도가 아니라 아예 절망 그 자체였을 텐데 신통방통하게도 거의 공상과학 수준의 대역전을 이뤄냈지요.

한 번 밀려나면 일어설 수 없다는 말은 아이를 끊임없이 빡세게 굴려야 최대 이익을 얻을 수 있는 사람들이 퍼뜨린 것입니다. 끊임없이 불안을 조장해서 아이를 가만두지 않게 만들어야 자기네들이 돈을 많이 버니까요.

참고로 위의 세 학생은 모두 운동선수 출신입니다. 일찍부터 공부에서 손을 놓고 아예 운동에만 골몰한 학생들이에요. 그래서 사실 이 아이들은 '책상에서 하는 공부'에 시달려본 적이 없어 학업 때문에 절망해본 적도 없습니다. 그래서 공부에 대한 거부감이 별로 없었고 그게 이 친구들이 순수하게 공부의 맛에 빠져드는 데 결정적인 역할을 했던 것입니다.

각박한 경쟁은 학생의 운명이다?

한 번 뒤처지면 끝이라는 공포감에 시달리는 것과 마찬가지로, 피를 말리는 점수 경쟁에서 앞서나가야 한다는 초조함에 괴로운 학부모도 많을 겁니다. 하지만 주어진 현실을 다르게 바라볼 수 있다면 그 무거운 마음을 내려놓을 수 있습니다.

우리나라가 올림픽에서 메달을 휩쓸고 있는 종목이 몇 개 있습니다. 그중에서도 양궁은 전 세계적으로 인정받고 있지요. 우리나라 양궁 국가대표 선발전은 올림픽 결승전보다 어렵다고 합니다. 마지막 한 발에서까지 최상위권 점수를 얻지 못하면 금메달은커녕 올림픽 출전도 불안하기 때문이에요.

그런데 이와 전혀 반대되는 운동이 있어요. 바로 트레킹입니다. 일정 시간 동안 비교적 평탄한 지형들을 걸어 다니는 활동으로 소위 등산이라고 부르는 운동입니다. 등산하면서 기록 단축하겠다고 시계 쳐다보며 긴장하지는 않지요. 트레킹은 며칠 동안 사람들과 협력하면서 코스를 완주해내는 것이 목표입니다. 트레킹 대회 역시 완주를 목표로 합니다.

아이들 공부도 마찬가지입니다. 지금은 아이도 엄마도 점수, 순위만 생각합니다. 교내에서 혹은 국내에서 내가 얼마나 뒤처져 있는지 따져봅니다. 그리하여 상대적 좌절감을 채찍 삼아 매일같이 전쟁 같은 훈련에 자신을 던져야 한다고 믿는 게 우리 사회가 믿어온 학생의 본분입니다. 적지 않은 아이들이 본분을 다하려 꿋꿋하게 버텨나가고 있어요. 그 결과, 몇몇 성공한 아이도 있지만 대부분은 낙오자, 실패자, 잉여인간이 되어왔다는 것도 감출 수 없는 진실입니다.

하지만 자기주도적 학습의 길로 돌아서면 누구나 등산을 즐기듯 공부에 집중할 수 있어요. 자기가 좋아하는 산을 선택하고 어떤 장비를 이용해 어떤 코스로 어떻게 올라갈지 결정하고 자기 페이스에 맞춰 산을 탐험할 수 있기 때문이지요. 트레킹 경기에서는 완주하는 사람 모두가 승리자입니다. 마찬가지로 자기주도적으로 학습하는 사람은 자기 페이스로 정상까지 완주해내면 만족할 만한 수준에 이를 수 있습니다.

그리고 무엇보다 중요한 것은 기록 단축 경쟁의 전쟁터에서는 극소수만 행복할 수 있지만 자기주도학습의 경기장에서는 모두가 자기 나름의 흥미와 호기심을 통한 학습으로 즐겁게 배움활동을 영위할 수 있다는 사실입니다. 또한 선수와 그 가족들 간 관계의 측면에도 엄청난 차이가 존재합니다. 한쪽에는 매일 기록 단축하라며 잔소리하는 극성 매니저 부모가 있는 반면 다른 한쪽에서는 가족이 다 함께 즐겁고 편안한 마음으로 협동하고 있으니 말이에요.

우리는 우리 가정의 교육문제를 어떻게 풀어나갈지 스스로 결정할 수 있습니다. 결코 단 하나의 선택지만 존재하는 상황이 아니에요. 경쟁의 함정에서 빠져나오는 것도 우리의 결단으로 바꿀 수 있는 운명의 선택지입니다.

패배 혹은 낙오에 대한 끝없는 불안감

'승자는 앞을 보고, 패자는 뒤를 본다.'

'승자는 포기하지 않고, 패자는 변명하기 바쁘다.'

성공에 관한 경구입니다. 패자가 되지 말고 반드시 승자가 되라고 강조하지요. 이런 말들을 떠올리며 스스로 게으름을 고치려 시도하는 것도 나쁘지는 않습니다.

하지만 여기서 생각해봐야 할 것은 승자와 패자라는 흑백 프레임입니다. 세상 모든 사람을 승자와 패자로 구분하고 있어요. 심지어 남성의 경우 키가 크면 승자, 작으면 패자라는 말도 있습니다. 올림픽에서는 1등만이 주목을 받지요. 2등부터는 우울한 은메달, 쪽팔린 동메달이라네요. 4등 이후의 등수에는 관심도 없지요. 공부도 이 프레임이 적용되는 가장 대표적인 경우입니다. 대략 상위 1%만 승자로 보고 나머지 99%는 패자로 보는 경향이 있어요.

그러다 보니 1% 안에 들지 못하는 내 아이를 '잠재적 패배자' 취급하며 불안에 떠는 부모들이 많습니다. 심지어 지금 잘하고 있는데도 언제 어떻게 패배자가 될지 모른다며 늘 불안해하는 부모도 많아요. 게다가 패배자가 되어버린 아이를 죄인처럼 바라보는 시선 또한 이 상황을 악화시키지요. 오죽하면 이제 갓 스무 살인 재수생들이 자기들을 '죄수생'이라 하겠습니까? 스물한 살인 삼수생은 자기들을 '삼수벌레'라고 표현합니다.

상위 0.1% 안에 드는 친구조차 항상 불안에 떠는 것이 지금 대한민국의 현실입니다. 학생들을 패배자 혹은 낙오자로 낙인찍는 현실 속에서도 이제는 따듯한 마음으로 학생들을 위로하고 격려하면서 함께 문제 해결을 위한 출발점을 모색해야 합니다. 이런 마음으로 부모 자신과 자녀를 바라보다 보면 모의고사 문제 몇 개 틀리는 것이 절망 아닌 설레는 도전으로 다가오는 순간이 분명 옵니다. 우리는 경주마를 사육하는 게 아니라 자녀를 '교육'하는 중이라는 사실을 잊지 마세요.

어느 길을 선택할 것인가?

이제 무작정 남들 다 가는 길로 갈 것인지, 아이 개성에 적합한 방향을 찾아가는 길로 갈 것인지 선택해야 합니다. 만점을 기준으로 자책과 불안을 동력 삼아 참고 버티는 길로 갈지, 내 페이스에 맞춰 나만의 코스를 완주할 것인지 선택해야 합니다. 패배자가 된 아이를 채찍으로 통제할지, 호기심과 위로로 감싸줄지 선택해야 합니다.

가는 내내 불행하고 실패할 확률이 높은 쪽이 어디고 가는 내내 행복하고 성공할 확률이 높은 쪽은 어디일까요? 이제부터는 좋은 길로만 갑시다. 아무리 익숙해서 편하더라도 과거의 못된 습관은 철저하게 끊어내세요. 물론 주변의 공격이 따르겠지요. 갑자기 미친 것 아니냐며 욕도 먹을 수 있어요. 하지만 아무리 대세라고 해도 더 이상 잘못된 길로 갈 수는 없습니다.

이제 "너는 공부만 잘하면 돼." 대신 "공부보다 인성이 우선이지." 라고 말해주세요. 당장 성적이 나쁘더라도 질책하는 대신 격려해주세요. 가는 길이 아무리 힘들어도 결코 포기하지 말고 나아갑시다. 편안한 마음으로 즐거움을 따라 부모의 인생을 살아내고 아이의 인생을 지원해준다면 자기 개성에 꼭 맞는 꿈, 직업, 진로, 일, 봉사, 취미의 행복을 누리는 당당한 실력자가 될 것입니다.

대응 논리 정리해보기

건강한 길을 찾아가려면 탄탄한 가치관을 갖추고 있어야 합니다.

그래야 나를 시도 때도 없이 흔드는 옆집·앞집 엄마들에게 우리의 생각을 전달할 수 있을 것입니다.

"선행을 안 했으니 당연하지!"

→ "우리 아이는 학교 진도에 맞춰 충분한 시행착오와 연습을 통해 자기주도성을 완성해가는 과정 중에 있어요."

: 학습 부진, 동기 저하의 원인은 선행학습을 안 해서가 아니라 아이의 자기주도성을 충분히 살려주지 못한 탓입니다. 선행학습은 아이의 자기주도성을 오히려 저해할 뿐이에요.

"더 늦기 전에 서두르지 않으면 큰일 나요."

→ "부실 공사로 건물 무너지는 것 못 봤어요? 중요한 건 공사 속도가 아니라 건물의 견고함과 완성도예요."

: 조급하게 서두르니까 문제가 발생하는 것입니다. 자기 페이스에 맞는 방향과 속도대로 스스로 나아갈 수 있게 배려해주세요. 그것이 가장 튼튼하게 실력을 쌓는 길입니다.

"그러다 아이가 자신감을 잃으면 어떡하려고 그래요?"

→ "성적이 높다고 자신감이 생기는 게 아니잖아요. 상위 0.1% 안에 드는 학생이 불안감과 부담감으로 자살하는 경우도 비일비재하고요. 작은 성취에도 기뻐하며 격려하면 아이의 자신감은 점차 살아날 거예요."

: 시스템의 병폐, 병든 문화의 문제로 인한 오염된 시각을 교정하고 아이를 교

육적으로 건강한 방향으로 배려하고 지원해주면 아이는 자신감을 잃지 않습니다.

"그 집 애는 그 학원 다니면서 성적 많이 올랐대요."

→ "그 아이한테 맞는 방법이 우리 아이에게는 맞지 않을 수도 있잖아요. 우리 집은 아이가 본인한테 맞는 방법을 스스로 찾도록 돕고 있어요."

: 인간은 각자의 유전적 개성, 자라온 환경, 가족 및 또래 관계에 따라 저마다 독특한 특성을 지닙니다. 어떤 아이에게 잘 맞는 방법이라고 해서 우리 아이에게 잘 맞을 거라는 보장은 없어요. 그 학원에 다니는 애들 중 도대체 몇 명이 탁월한 성취를 올렸을까요? 우리는 아이가 자기에게 맞는 방법을 스스로 찾아 거기에 적응하도록 돕는 것이 최선입니다. 또 그것이 유일한 해법이지요.

"돈이 그렇게 아까워요?"

→ "비싼 프로그램 혹은 구하기 힘든 프로그램이 다 좋은 건 아니잖아요. 아이의 자기주도성을 보완할 수 있는지 없는지가 중요하죠."

: 돈이 아무리 많아도 쓸데없거나 오히려 독이 되는 곳에 돈을 쓰는 사람은 없습니다. 아이에 대한 노력을 돈으로 대신하려는 얄팍한 시도가 아이를 망쳐온 원흉 중 하나입니다. 중요한 것은 우리 아이의 자기주도성을 보완할 수 있는 길인가 하는 것입니다.

이제, 부모로서 살겠습니다

딸은 일반계 여고, 아들은 과학중점고에 갔습니다. 다행히 둘 다 적응을 잘해 성적도 올랐고요. 학원을 안 다닌 영향으로 자기주도학습은 어느 정도 체계가 잡혀 있어요. 그래서 내 사례를 얘기하면 듣기 불편해하는 사람도 많습니다. 자기 아이는 내 아이와 다르다고 해요. 물론 맞는 얘기입니다. 그런데 제일 중요한 건 부모의 가치관인 것 같아요. 주변 사람들의 말에 흔들리지 않는 자신감.

중학교 담임으로서 부모님의 불안한 마음 때문에 원하지 않는 학원에 등록하고 스트레스 받는 학생들을 많이 봅니다. 안쓰럽고 안타까워요. 아이들 각자에게 맞는 방식을 찾아주어 모두가 승리자가 되는 교실을 만들자고 다짐해봅니다.

– 자유 님

중요한 것은 학원을 보낼지 말지 결정하는 것이 아니라 올바른 공부방법을 찾아 행복하게 성장하는 것이더군요. 엄마들과 모여 앉아 어느 학원이 좋은지, 이번 중간고사 평균이 몇 점인지에 대해 이야기하기보다 정말 중요한 것을 함께 고민하고 나누어야 한다는 것을 깨달았습니다. 마음을 가다듬고 아이 말을 차분히 들어주다 보니 생각보다 쉽게 아이와 마음이 통한다고 느껴졌고 이런 습관이 결국 아이와 저를 다시 하나로 만들어가는 것 같습니다.

– alloa73 님

2 갈수록 공부를 싫어하는 우리 아이, 어떡하지?

그동안 힘드셨지요?

"공부란 게 원래 하기 싫은 거잖아요. 그러니까 부모가 개입해야 된다고요."

"그냥 놔두면 더 안 한다니까요."

"그래서 어려서부터 차분히 앉아 공부하는 습관을 들여놔야 한다니까요."

"공부 좋아서 스스로 하는 애들이 얼마나 된다고 그래요. 걔네들이 특이한 애들이죠."

"그 집 애는 학원에서 잡아주니까 되게 열심히 한대요."

하지만 이번 장을 읽고 나면!

마음을 다잡고 아이를 자기주도학습자로 키우기 위해 노력하지만 아이는 여전히 공부하기 싫어할 수도 있습니다. 일주일이 되고 한 달이 지나도 오히려 공부를 더 싫어하는 것 같기도 하고요. 그러나 이것은 새로운 문화에 적응하는 초기과정에서 충분히 생길 수 있는 상황입니다. 워낙 오랫동안 나쁜 환경과 못된 습관에 사로잡혀 있었으니 단번에 고쳐지지 않는 것이 당연합니다.

대한민국에서 학생으로 산다는 것

명문 자사고에서 전교 1등을 하던 아이가 '카톡'으로 메시지를 하나 남기고 옥상에서 몸을 던졌습니다. 이런 아이들이 한두 명이 아니라는 것, 대한민국 국민이라면 모두 알고 있습니다. 우리 아이들은 어려서부터 '시험점수'만을 위한 인생을 감당해내야 했습니다. 엄마와 눈을 맞추고 대화하는 대신 한글 교재를 읽어야 했고, 호기심에 가득 차 팽이놀이를 하고 있으면 쓸데없는 짓 그만하고 받아쓰기 공부나 하라는 핀잔을 들어야 했지요. 우수한 학생이 되려면 어쩔 수 없이 누구나 감내해야 하는 현실일까요? 다른 나라는 어떤지 북유럽으로 눈을 돌려보지요.

스톡홀름에서 만난 한 대학생은 "한국 학생들은 문제 풀이 요령을 외우는 것으로 수학, 과학 공부를 대신하는 경우가 종종 있다."는 이야기를 듣고, 믿기 힘들다는 표정을 지었다. … "학생들이 가만히 있느냐."라고 물었다. "재미도 없고, 쓸모도 없는 일을 강요하는데 저항이 생기지 않느냐."는 질문이다.

'혼자 똑똑한 사람을 키우지 않는다', 성현석, 〈프레시안〉 2008년 10월 3일자

비슷한 얘기는 핀란드에서도 들을 수 있었습니다.

핀란드를 방문했을 때 일본어를 공부하는 고등학생들에게 물어본 적이 있다. "핀란드에서는 누가 시키지 않아도 자신을 위해 스스로 공부한다고 하는데 그게 정말인가요?" … "자신을 위해서 공부하는 건 당연하죠." 모든 학생이 이구동성으로 대답했다. "그리고 우리가 공부를 하든 말든 선생님한테는 남의 일인 걸요."라고 덧붙이기까지 했다.

《핀란드 교실혁명》, 후쿠다 세이지, 박재원·윤지은 공역, 비아북

그네들이 우리에게서 받은 충격보다 지금 우리가 받은 충격이 더 클 것이라 생각합니다. 우리나라 학생들이 재미도 없고 의미도 없어 보이는 공부를 강요에 의해 억지로 참아내고 있다는 것이 경악스럽다는 지적이니까요. 북유럽 학생들이 우리나라에 이민을 온다면 아마 한 달도 견디지 못할 것입니다. 그들 입장에서 지금 대한민국은 학생들에게 말로 다 표현할 수 없는 끔찍한 고문을 가하고 있는 것과 같으니까요. 반대로 우리나라가 북유럽의 교육 문화 속에서 공부했다면 이미 오래전부터 자기주도학습에 적응했겠지요.

우리네 가정이 북유럽의 건강한 교육 문화를 입게 되면 우리 아이는 지금부터라도 자기주도성을 건강하게 회복할 수 있습니다. 이를 위해 한국 특유의 성적을 위한 시험공부, 억지로 참아내는 공부 문화를 되돌아보고, 아이가 스스로 즐겁게 공부할 수 있도록 지원해주는 부모가 되기 위해 노력해봅시다.

'칭찬 스티커'에 길들여진 아이들

우리나라 아이들은 시험점수를 위해 공부하지요. 재미없고 지루해 죽겠어도 열심히 공부하면 사회적으로 높은 지위를 얻고 돈도 많이 벌 수 있기 때문이에요. 공부를 철저히 외부적 보상을 위한 도구로 인식하고 있지요. 우리나라에서는 아주 어려서부터 이러한 공부 문화에 적응하게 됩니다. 싫은 것을 참으면 상을 받는다는 식의 공부 습성이 뼛속 깊이 스며들어 있지요.

그런데 외부적 보상 동기에 적응되면 어떻게 될까요? 이와 관련해 아주 재미있는 이야기가 있어요. 어느 노교수가 한적한 전원생활을 즐기기 위해 시골 마을 외딴 곳에 집을 짓고 살고 있었습니다. 그런데 어느 날부터 동네 꼬마들이 노교수의 집 앞에서 한참을 시끄럽게 놀다 돌아가는 겁니다. 교수는 이 소음 공해를 어떻게 해결할지 고민하기 시작했어요. 그래서 떠올린 해결책이 바로 돈이었습니다.

교수는 돈을 어떻게 이용했을까요? 몇 푼씩 쥐어주면서 다른 곳에 가서 놀게 했을까요? 아닙니다. 오히려 돈을 주면서 자기 집 앞에서 열심히 놀아달라고 부탁했습니다. 열심히 놀고 돈까지 받으니 아이들은 더욱 즐겁게 놀았지요. 그런데 날이 갈수록 교수가 돈을 조금씩 덜 주는 것이었어요. 아이들의 표정이 어두워졌지요. 이윽고 이제는 줄 돈이 없다고 하자 아이들은 거세게 항의하기에 이르렀습니다. 그리고 "돈을 주지 않으면 더 이상 여기서 놀지 않을 겁니다!" 하며 으름장을 놓고 노교수의 집에서 최대한 멀리 떨어진 곳에서 놀기 시작했다고 하지요.

분명 활동 자체가 상당한 만족을 주는 '놀이'였는데도 외부적 보상에 길들여지자 '노동'으로 변하고 말았습니다. 그런데 가만히 생각해보세요. 우리 아이들도 공부라는 활동을 철저하게 '노동'으로 여기고 있지 않나요? 혹시 부모가 자기도 모르게 노교수와 같은 행동을 하고 있었던 것은 아닐까요?

우리 아이들은 지금 공부와 관련해 외부적 동기에 의지하도록 길들여져 있습니다. 자연히 공부 자체가 주는 즐거움에 주목하지 못하고 있지요. 누가 떡이라도 하나 주지 않으면 공부할 이유가 없는 것입니다. 이렇게 깊이 뿌리내린 태도를 고치려면 상당한 노력을 들여 '정화작업'을 해야 할 것입니다. 각오하되 겁부터 먹을 필요는 없습니다. 잘못된 문화, 방법, 관계에 오염된 탓에 병이 들었을 뿐이지 우리는 분명 이 난관을 극복할 힘도 가지고 있습니다.

그런 의미로 희망적인 사례를 소개합니다. 열 명의 학생에게 100분 동안 책을 읽으라고 시켰습니다. 그리고 한 권을 다 읽을 때마다 '칭찬 스티커'를 줬습니다. 이 아이들은 100분 동안 무려 192권의 책을 읽었습니다. 스티커를 받기 위해 건성으로 읽어낸 것이지요. 일단 자기의 지적 수준에 비해 내용이 쉽고 분량이 적은 책을 골라 읽은 것입니다. 여기까지는 보통의 한국 학생들이지요.

그런데 그중 두 명이 돌발 행동을 보였습니다. 칭찬 스티커에 아랑곳하지 않고 그냥 자기가 읽고 싶은 책을 골라 차분히 읽은 것입니다. 이 아이들은 자기한테 제일 재미있는 책을 자기 속도대로 읽는 게 익숙했던 것이지요. 이 학생들의 부모 중 한 분은 이런 말을 했습니다. "부모는 그냥 아이가 스스로 원해서 할 때까지 기다려줘야 된다." 칭찬 스티커 같은 얄팍한 술수로 아이를 통제하려 들지 말고, 아이가 무언가를 열심히 하면 그냥 "열심히 했구나." 정도로 칭찬해주면 된다는 겁니다. 외부적 보상에 흔들리지 않고 자기의 순수한 즐거움을 추구하기 위해 독서에 집중하는 아이는 그렇게 만들어졌던 것입니다.

우리 아이는 어떤 동기에 길들여져 있나요? 오늘부터 당장 바꿔야 할 게 참으로 많습니다.

망가진 공부동기 회복하기 ❶ 회피적 동기에서 지향적 동기로!

공부동기에 따라 학업성취도는 크게 달라집니다. 동기는 크게 회피적 동기와 지향적 동기로 나눌 수 있어요. 먼저 회피적 동기는 하기 싫은 일이나 당하고 싶지 않은 상태를 피하기 위한 동기입니다. 시험 못 보면 인생 망할 것 같다는 느낌으로 공부하는 것이 대표적인 사례예요. 회피적 동기를 가진 사람들은 그 일을 제대로 하지 못했을 경우에 발생하는 고통스러운 상황들을 피하기 위한 마음으로 움직이기 때문에 일 자체의 매력에는 관심이 없는 편이에요. 그래서 어떻게든 미룰 수 있을 때까지 최대한 미루었다가 더 이상 미룰 수 없을 때 급하게 처리하는 경우가 많습니다. 시험 기간 때 벼락치기로 공부해본 사람은 전부 이 동기로 움직인 것이에요.

반면 지향적 동기는 자발적으로 원하는 목표가 있어 이를 이뤄내기 위해 노력하는 사람이 갖는 동기예요. 이런 사람들은 자기가 할 수 있는 일 중에서 의미 있고 재미있게 즐길 수 있는 일을 선택하기 때문에 작업을 뒤로 미룰 이유가 없지요. 오히려 아침에 일어나자마자 하기로 한 일에 대해서 생각하는 사람들이 있어요. 우리 아이들도 아침에 눈뜨자마자 게임부터 생각할 때가 있잖아요. 이게 지향적 동기를 갖고 움직이는 사람의 전형적인 모습입니다. 심지어 일에 따르는 외부적 보상이 부정적이어도 끝끝내 하고 싶어 할 정도지요.

동기는 단순한 학업성취뿐만이 아니라 인생을 좌우합니다. 우리나라 학생들이 열심히 공부하는 이유는 대부분 사회적 낙오와 실패를 피하기 위해서지요. 회피적 동기를 가지고 있는 것입니다. 실패라는 상태를 피하고 싶기 때문에 성공에 그렇게 목을 매는 것입니다. 이들이 꿈꾸는 성공은 결국 '돈 잘 버는 직업'을 갖는 것이지요. 그런데 돈 잘 버는 직업을 위해 열심히 달려가는 것보다 자기 흥미와 적성을 개발하는 편이 성공에 훨씬 유리하다는 연구가 있습니다.

미국 아이비리그 졸업생 1,500명에게 돈을 많이 버는 직업을 선택할지, 자신이 좋아하는 일을 선택할지 물어봤답니다. 83%에 해당하는 1,245명이 돈을 많이 버는 직업을 선택했고 나머지 17%에 해당하는 255명은 좋아하는 일을 선택했습니다. 20년 후 이들 중에서 101명의 백만장자가 나왔는데, 그중 100명이 과거에 좋아하는 일을 하겠다고 대답했던 사람입니다. 놀라운 결과가 아닐 수 없습니다. 돈을 좇던 사람들은 부자가 되지 못했고 오히려 자기 흥미에 취해 일한 사람들에게 돈이 따라온 거지요.

동기는 이만큼 중요합니다. 연구 결과가 보여주는 것처럼 좋아하는 일로 승부를 펼쳐보겠다는 1%의 아이들이 훨씬 더 건강하고도 강력한 동기 구조를 통해 탁월한 성취를 낼 수 있습니다. 회피적 동기가 아니라 지향적 동기를 건강하게 가꾸어주는 것이 필요하겠지요?

망가진 공부동기 회복하기❷ 평가목표 성향에서 학습목표 성향으로!

많은 학부모들이 아이에게 동기를 부여해주고 싶어도 방법을 잘 모르는 경우가 태반일 겁니다. 그래서 어른들에게 익숙한 방식으로 잘못된 동기부여를 시도하기도 합니다. 그것은 바로 아이의 성적을 체면이나 위신과 같은 것으로 만들어버리는 행동입니다. 점수가 좋지 않을 때 아이의 체면을 마구 깎아내리는 것은 물론이고 점수가 좋을 때 아이의 체면을 치켜세우는 것도 장기적으로는 악영향을 끼칠 수 있습니다. 아이가 성적을 자신의 체면으로 받아들이는 순간 아이의 자신감은 성적에 휘둘릴 수밖에 없습니다.

캐럴드웩이라는 미국의 심리학 교수는 아이들이 어떤 성향을 가졌을 때 더 탁월한 어른으로 자라는지를 연구했는데, 그중 이런 실험이 있었어요. 아이 두 명에게 각각 '얼마나 똑똑한지 알 수 있는 평가문제', '새로운 것을 배울 수 있는 학습문제' 중 어떤 것을 풀어볼 것인지 물었습니다. 한 학생은 평가문제를 선택했고, 다른 학생은 학습문제를 선택했지요. 그런데 두 학생이 받은 문제는 사실 동일한 문제였습니다.

잠시 후 채점을 해보니 평가문제를 선택한 아이는 11문제 모두 정답을 맞혔고, 학습문제를 선택한 아이는 11문제 중 7문제를 맞혔습니다. 이제 자신감이 떨어진 상황에서 어떻게 변하는지 알아보기 위해 만점을 받은 아이에게는 6문제를 맞혔다고 이야기하고, 7문제를 맞힌 아이에게는 3문제를 맞혔다고 했습니다. 모두 자기가 예상했던 것보다 낮은 점수가 나와서 당황했겠지요.

그리고 비슷한 난이도의 문제를 다시 풀게 했습니다. 이제 재미있는 상황이 펼쳐지지요. 1차 문제에서 7문제를 맞힌 학습목표 성향의 학생은 2차 문제에서 8문제를 맞혔습니다. 자신감을 떨어뜨렸는데도 1차 때보다 오히려 한 문제를 더 맞혔어요. 그런데 1차 문제에서 만점을 받은 평가목표 성향의 학생은 2차 문제를 풀다가 중간에 포기하고 말았습니다. 높은 점수를 받지 못할 것 같아 동기를 크게 잃어버린 것이지요.

이런 실험 결과들을 토대로 나온 개념이 '평가목표 성향'과 '학습목표 성향'입니다. 먼저 평가목표 성향은 한마디로 '폼생폼사'지요. 남들이 자기를 어떻게 평가하는지에 따라 움직입니다. 학습목표 성향은 새로운 지식을 배울 수 있거나 새로운 기술을 습득할 수 있다는 것 자체를 목표로 합니다.

두 성향은 다양한 측면에서 극명한 차이를 보입니다. 먼저 실패 해석 방식의 차이입니다. 평가목표 성향의 아이는 실패를 '자신의 무능력'으로 받아들여 좌절하고 맙니다. 반대로 학습목표 성향의 아이는 실패를 '다른 방법으로 해보면 되는 것'으로 받아들입니다.

이 둘은 도전 과제에 대해서도 다르게 반응합니다. 평가목표 성향을 가진 학생들은 어려운 과제를 보면 '망신당할 위기다!'라고 느껴요. 명문고, 명문대의 우등생들이 시험 부담을 견디지 못하고 자살하는 사례 속에서 이런 흔적을 적지 않게 찾아볼 수 있습니다. 어린아이 중에도 칭찬받을 것 같은 일에는 악착같이 달려들지만 그렇지 않은 일은 무슨 수를 써서라도 회피하는 아이가 있습니다. 자기의 무능력이 드러나게 될까 봐 무서운 것이지요. 반면에 학습목표 성향의 아이들은 도전적인 과제일수록 큰 배움의 기회가 왔다며 좋아합니다. 복잡한 퍼즐을 보면서 즐거워하는 아이의 모습을 떠올려 보세요. 이 아이는 퍼즐을 해결해가며 난관에 빠져 깊게 고민하는 과정 자체를 재미있어 하는 겁니다. 당연히 그 과정 중에 이런저런 시행착오를 겪는 것도 두려워하지 않겠지요.

이 두 집단은 심리 상태에도 큰 차이를 보입니다. 평가목표 성향을 가진 아이들은 기본적으로 공부에 대해 무력감과 거부감을 갖고 있어요. 재미도 없고 생각만 해도 기운 빠지지만 당장 엄마가 소리 지르며 하라고 하니까 할 수 없이 한다는 식이지요. 반대로 학습목표 성향을 가진 아이들은 생산적 의욕으로 가득 차 있습니다. 오늘은 또 무엇을 배울지, 어떤 새로운 지혜를 깨달을지, 설레는 마음으로 살아가게 되는 것이지요.

마지막으로 이들은 성공을 위한 조건에 대해서도 의견이 다릅니다. 평가목표 성향이 강한 아이들은 일단 재능이 뛰어나야 하고 자신에게 잘 맞는 기회가 주어져야 한다고 믿습니다. 쉽고 빠르게 처리할 수 있는 일을 맡게 되어 칭찬받을 기회가 생기기를 간절히 바랄 뿐이지요. 이와는 반대로 학습목표 성향의 아이들은 자신의 정직한 노력으로 충분히 성공할 수 있다고 믿습니다. 의욕적인 삶 속에서 성장하고 있는 자신의 모습을 스스로 느낄 수 있기 때문에 미래에 대한 염려가 없지요. 현재가 즐거움과 뿌듯함으로 채워져 있어 이미 만족스럽기 때문이에요.

우리나라에서는 평가목표 지향의 에너지가 전 사회를 지배하고 있어요. 부모가 어려서부터 그렇게 길러왔기 때문이지요. 이제부터라도 노력에는 반드시 넘어짐이 동반된다고, 다시 일어서는 법을 배워나가는 게 성공하는 과정이라고 가르치는 부모님이 되어보세요. "그렇게 공부하고 성적이 그거밖에 안 나와? 차라리 놀지 그랬어?" 하고 다그치는 대신 "너무 신경 쓰지 마. 네가 열심히 노력했고 그 속에서 배운 게 있다면 그걸로 충분히 의미가 있는 거야." 하고 말하는 습관을 들이면 아이들은 놀랍도록 순탄하게 건강을 되찾아나갑니다.

동기를 바꾸면 방법이 보인다

오랫동안 알아온 학생 중 굉장히 착하고 근면 성실한 친구가 있습니다. 이 아이가 편지를 보내왔어요. 자기 나름대로 모든 방법을 동원해 알차게 공부해보려 하는데 잘 되지 않더라는 내용이었습니다. 상벌제도를 만들고 반성의 시간도 가지며 계획을 지켜나가기는 하는데, 중간중간 딴짓으로 인해 에너지 낭비가 상당하다는 것이지요. 그러면서 어떻게 해야 절실함이 생길 수 있는지 알려달라고 하더군요.

이 아이에게 뭐라고 이야기해줬을까요? 어떻게 하면 더 절실히 공부에 매달릴 수 있는지 말해줬을까요? 아닙니다. "너, 공부 왜 하니?"라고 물어봤답니다. 그러자 아이는 "대학 가야죠." 하고 대답했어요. 그래서 "그럼 넌 힘들 거야. 너는 너무 착해서 경쟁적 승부 근성이 약해." 하고 답해주었습니다. 이 친구에게는 경쟁심이 투철한 아이들이 갖고 있는 '악착같음'이 없었어요. 그래서 독기를 품고 무섭게 자신을 밀어붙일 수가 없는 것이지요. 이런 학생이 잘되려면 뭐가 바뀌어야 할까요? 승부 근성을 가질 수 있도록 자기 자신에게만 에너지를 집중하라고 다그칠까요?

동기를 바꿔야 합니다. 의무감과 절제력에 집중하는 것으로는 능력을 충분히 발휘할 수 없을 테니 공부에서 느끼는 약간의 재미, 작은 계획 하나하나를 성취해나가는 뿌듯함에 집중해야 합니다.

우리는 보통 행동을 통제하려는 차원에서만 생각을 합니다. 그런데 행동은 마음 즉 동기가 결정하기 때문에 동기를 조정하지 않고는 행동을 고쳐낼 수가 없습니다. 마음속에 충족되지 못한 욕구, 해소되지 못한 갈등이 있는데 이를 보지 못하고 겉으로 나타나는 현상에만 주목해서는 제대로 된 해결책을 강구할 수 없습니다.

'재미'라는 동기에 승부를 걸자

국제교육성취도평가협회(IEA)에서 실시하는 국제학업성취도평가(TIMSS) 결과를 보면 참 씁쓸합니다. 초등학교 4학년과 중학교 2학년의 수학 성취도 및 흥미도를 조사한 결과, 우리나라는 성취도, 즉 성적에서 1, 2위를 차지했지만 흥미도에서는 40~50위권에 머물렀습니다. 공부 잘하는 아이는 많지만 흥미를 가지고 하는 아이는 거의 없다는 의미입니다. 우리나라 교육 문화는 지금 엄청난 경쟁 구조 속에서 돌아가고 있습니다. 학습량이 압도적으로 많을 수밖에 없지요. 스트레스도 엄청날 것입니다. 그래도 여기에 적응한 아이가 생겨나고, 그들은 이 전쟁에서 승리자로 칭송받게 됩니다.

어떤 아이가 승리자일까요? 승부 근성이 강한 아이들입니다. '독기'가 강해 공부에 대한 부정적 감정을 압도하는 의지로 성취를 이뤄내지요. 또 머리가 좋은 아이들이에요. 머리가 좋다는 것은 다른 게 아니라 우리나라에서 주로 요구되는 학습활동에 자기 두뇌가 잘 부합되는 경우예요. 그래서 같은 활동을 해도 다른 아이들에 비해 부담을 적게 느끼고 능률도 높습니다. 그리고 스트레스를 버티는 습관이 잘 잡힌 친구들입니다. 기본적으로는 공부를 싫어하지만 자기가 받는 스트레스를 효과적으로 분산시켜 감당할 수 있는 수준 이하로 유지하는 방법들을 계발하고 훈련해온 친구들이지요.

그렇다면 위의 세 유형에 속하지 않는 우리 착한 아들딸은 어떻게 해야 할까요? 40~50위권에 머물러 있는 흥미도를 회복시켜주는 방법으로 승부 전략을 꾸밀 수밖에 없어요. 흥미 중심의 동기를 회복하는 것은 행복의 차원에서도 중요하지만 승부 전략의 차원에서도 중요합니다. 공부 자체의 재미에 몰입하도록 만들어주는 쪽으로 노력을 기울이면 한국의 경쟁 구조 속에서도 살아남을 수 있는 가능성이 분명 있습니다.

세상에서 가장 재미있는 것은 공부하는 거다

문화심리학자 김정운 교수가 아주 재미있는 말씀을 한국 사회에 던집니다.

> "세상에서 가장 재미있는 것은 공부하는 거다. 이렇게 이야기 하면 또 무슨 황당한 소리냐고 할 것 같다. 그러나 이는 우리가 생각하는 공부에 관한 경험이 왜곡되어 있기 때문이다. 이제까지 우리는 '남의 돈 따먹으려고' 공부해왔다. 그래서 공부가 재미없었던 것이다."

이 말의 시사점을 정리하기 전에 먼저 주목해보아야 할 대목은 '공부 경험이 왜곡되어 있다.'는 발언입니다. 부모로부터 공부는 원래 괴로운 것이고 절대 재미있을 수 없다는 고정관념을 물려받았기 때문에 성공한 사람들도 자기의 공부 경험들을 '재미'로 해석할 수 있다는 생각을 잘 하지 못해요. 실제로는 공부에 몰입한 경험이 주는 만족감이 좋아서 열중한 측면이 분명 있는데도, 자기의 성공 요인을 적절하게 해석해내는 경우가 거의 없는 수준이지요.

공부의 맛을 경험해본 김정운 교수 같은 사람은 자기 아이를 어떻게 키울까요? 아이가 수학을 힘들어할 때 어떻게든 더 빡세게 굴려야 한다고 생각할까요? 아니면 수학에 흥미를 느낄 수 있게 다방면으로 지원해줘야겠다고 생각할까요? 당연히 후자겠지요. 그리고 이렇게 자란 아이는 분명 학습목표 성향을 갖고 즐거움을 따라 자기 적성에 맞는 길에 열중할 수 있을 겁니다.

대응 논리 정리해보기

아직은 여전히 공부를 싫어하는 우리 아이에 대해 옆집 아줌마들은 여러 이야기들로 우리를 불안하게 만들 것입니다. 차근차근 가치관을 갖추어나가 그들에게 오히려 우리의 생각을 전달해봅시다.

"공부란 게 원래 하기 싫은 거잖아요. 그러니까 부모가 개입해야 된다고요."

→ "공부라는 것은 원래 인간의 호기심을 충족시키는 활동이에요. 호기심을 갖도록 지원해주면 학습을 즐길 수 있을 거예요."

: 공부가 원래 하기 싫은 것이라 믿고 있다면 그건 아이의 공부 경험이 왜곡됐기 때문입니다. 공부는 원래 인간의 본능적 호기심을 충족시켜 주는 활동이에요. 아이들의 호기심을 잘 지원해주면 학습을 스스로 즐기는 아이가 됩니다.

"그냥 놔두면 더 안 한다니까요."

→ "동기가 망가진 탓에 공부도 안 되고 힘든 것인데, 빨리 가라며 채찍질을 하면 안 되겠지요. 행동을 통제할 게 아니라 동기를 고

쳐줄 필요가 있어요."

: 동기가 망가졌으니 공부를 안 하려고 하는 겁니다. 안 그래도 망가진 동기로 고생하는 애한테 무작정 공부하라고 해서 공부가 되겠습니까?

"그래서 어려서부터 차분히 앉아 공부하는 습관을 들여놔야 한다니까요."

→ "괴로움을 참도록 가르치면 아이가 불행해져요. 동기를 회복시켜서 흥미에 따른 공부의 맛을 알게 하면 자기가 알아서 공부합니다. 공부 습관도 잡히고요."

: 괴로움을 참아내는 우울한 습관으로 공부를 대하도록 만드는 것은 근본적으로 아이를 불행하게 만들 뿐입니다. 동기를 회복시켜 흥미에 따른 즐거운 공부를 맛보게 하면 자기가 알아서 공부에 집중할 테고 공부 습관도 자연스럽게 잡힙니다.

"공부 좋아서 스스로 하는 애들이 얼마나 된다고 그래요. 걔네들이 특이한 애들이죠."

→ "공부를 즐기는 애들이 얼마 없는 것은 사회가 오염됐기 때문이에요. 오염된 사회를 건강하게 바꿔주면 아이들도 어렵지 않게 바뀔 거예요."

: 강물이 오염되면 그걸 먹고 자란 나무들이 좋은 열매를 맺을 수 없습니다. 망가진 열매를 보며 나무 자체를 오해하면 안 되지요.

"그 집 애는 학원에서 잡아주니까 되게 열심히 한대요."

→ "겉만 보고 그렇게 생각한다면 그건 사안의 본질을 오해하는 착각일 뿐이에요. 우리 아이는 자기에게 맞는 방향과 속도에 따라 스스로의 길을 찾아가고 있어요. 그걸 방해할 이유가 없지요."

: 아무리 괴로워도 열심히 버티는 아이들이 있어요. 버티지 못하고 스스로를 놓아버리는 아이가 있는 걸 보면 이 아이들이 얼마나 어렵게 인내하고 있는지 조금은 짐작이 갑니다. 겉모습만 보고 지금 공부하고 있다며 안심하지 마세요.

이제, 부모로서 살겠습니다

스스로 공부하는 기술을 터득하게 만들어보자는 부분이 와닿더군요. 동기면에서 지향적 동기를 가지도록 피드백을 하면 누구나 자발적으로 공부하는 능력을 가지게 되는 것 같아요. 중 2 아들은 저번 주에 많이 놀았다고 생각했는지 가장 힘들어하던 수학공부를 하기 시작하더라고요. 스스로 깨닫고 공부방법을 찾아가니 그 기쁨을 이루 말할 수가 없습니다. 효율적으로 공부하는 방법도 조금씩 알게 되었는지 수업시간에 못 알아들은 이유가 예습·복습을 잘 하지 않기 때문이라고 스스로 진단하네요. 부모가 기다려주니 아이가 스스로 길을 찾는다는 것은 허황된 말이 아니라 진리였습니다.

– 희망나무 님

3 그럼 도대체 어떡하라는 거야?

그동안 힘드셨지요?

"부모가 나서지 않는데 어떻게 좋은 대학에 보내요?"

"부모의 정보력과 경제력은 대물림되는 것이에요."

"글쎄, 애가 특별하면 몰라도 원래 부모가 뛰는 만큼 성적이 나오는 것이지요."

"어디서 이상한 소리 듣고 와서 고집부리지 말고, 정신 좀 차려요."

"다 뒤로 호박씨 까는 거 몰라서 그래요?"

"나중에 애들이 원망하면 어쩌려고요!"

하지만
이번 장을
읽고 나면!

사실 잘 버티다가도 누가 고액 과외를 한다는 소식이 들리면 왠지 모르게 불안해지는 것이 우리 학부모들의 오랜 습성이지요. 막상 학원에 의지하지 않고 가정 안에서 좋은 변화를 이끌어낸다는 것이 아직은 막막할 거예요. 구체적인 실천방법을 모르는 데서 겪게 되는 불안을 중심으로 고민을 이어나가 보도록 하겠습니다.

'학습효율'이 문제다

언젠가 미국의 시사잡지 〈타임 매거진〉에 대한민국 심야교습 단속반을 동행 취재한 기사가 실렸습니다. 그런데 '학원'에 맞는 영어 단어를 찾지 못해 결국 hagwons라고 쓰면서 이렇게 설명했습니다. "학원이란 7세기 중국 부유층에서 성행했던 가정교사 제도가 현대의 한국에 재림한 것이다." 기자는 대치동 학원가의 엄청난 학생 인파와 그 살인적인 공부량과 경쟁적인 분위기에 놀라움을 금치 못했지요. 참고로 7세기 중국에서 유행했던 황태자 교육을 받은 아이들의 상당수가 정신질환으로 고생했다는 보고가 있습니다.

그런데 이 기자가 의미심장한 말을 합니다. "한국의 문제는 아이들이 열심히 하지 않는 게 아니라 효율적으로 하지 않는 데 있다." 대한민국 공부 문화의 대표적 약점을 잘 지적하고 있습니다. 우리는 보통 '공부시간'을 기준으로 노력의 양을 측정하고 이에 따라 그 학생의 인격에 대한 찬사 혹은 비난을 쏟아냅니다. 즉 공부를 많이 하면 존경받고 적게 하면 욕을 먹는 게 대한민국 공부 문화의 수준이라는 겁니다. 그런 만큼 한국 학생들은 공부를 '열심히' 하는 데 있어선 세계적으로 유례가 없을 정도로 대단하단 소리를 듣고 있지요.

하지만 기자가 지적한 것처럼 학습효율성 면에서는 신경을 쓰지 않고 있던 게 사실이에요. 사실 우리나라에서는 누가 효율을 따지면 마치 꼼수를 쓰려는 것으로 보는 경향이 있어요. 효율을 고려하는 것이 마치 덜 노력하고 싶어서 핑계를 대는 것 같은 분위기가 존재해요. 이러다 보니까 현재 우리나라의 학습효율지수가 OECD 평균에도 못 미치고 있는 게 현실이에요. 학업성취도 국제 비교연구(PISA)에서 성적은 2등인데, 학습효율은 30개 국가 중 24위를 기록하고 있지요. 질보단 양을 밀어붙인 대한민국의 현실을 그대로 반영한 성적표입니다.

효율적인 공부 모델 '핀란드 교실'

PISA 결과를 더 자세히 들여다보면 더 처참한 분석 결과가 나옵니다. 한국은 한 주에 50시간을 공부하고 자습은 19시간이나 합니다. 공부량 측면에서 독보적인 세계 1위를 차지하지요. 반면 한 주에 30시간을 공부하고 7시간 자습하는 나라가 있어요. 공부량은 우리나라와 비교도 안 될 만큼 적지만 성적은 우리를 제치고 1위를 차지한 나라, 바로 핀란드입니다. 핀란드의 학습효율이 대단하다는 결과지요.

그런데 핀란드의 학습효율은 공교육의 평범한 교실에서 나옵니다. 학교 교육을 믿지 못해 아이를 학원으로 돌리는 우리나라 학부모 입장에서는 놀라지 않을 수 없는 대목이지요. 핀란드 교실에서는 도대체 어떤 일이 벌어지고 있기에 2.5배 정도나 더 많이 공부하는 대한민국을 꺾고 세계 1등의 학력국가가 되었을까요?

먼저 핀란드 교실은 그 분위기부터 우리나라와 딴판입니다. 수업시간에 뜨개질을 하는 아이, 자기 책만 보는 아이, 심지어 남녀가 손을 붙잡고 연애질을 하는 경우도 있어요. 그런데 교사는 전혀 통제하지 않습니다. 여기서는 학생들의 자유가 가장 중요한 가치로 존중받거든요.

상상하기 힘든 광경입니다. 우리나라 교실에서는 개인의 자유가 아주 쉽게 억압되고 있어요. 기본적으로 학생을 꼭두각시 같은 존재로 보는 게 대한민국 교육 현장이에요. 기본적 자유도 제대로 존중되지 않지요.

두 번째로 봐야 할 부분은 개인별 맞춤 수업이라는 점입니다. 각 학생의 진도 속도, 방법, 성취의 차이를 철저하게 존중합니다. 표준적인 진도보다 빠른 학생들은 학습을 먼저 마치고 놀고 있을 수 있어요. 반대로 수업 진도 속도를 못 따라가는 학생이 생기면 수업 후 교실에 남아 자습으로 부족한 내용을 보충하기도 합니다.

우리나라는 어떤가요? 일률적인 속도와 방법을 학생들에게 강제로 적용시킨 뒤, 성취도에 따라 아이들을 반교육적으로 차별합니다. 가장 안타까운 것은 이런 대우가 가정에서 더 심화된다는 겁니다. 수행평가점수에 반영되는 쪽지시험에서라도 저조한 성적을 받아오면 일단 반찬부터 부실해지지요. 자기도 분명 잘하고 싶은데 성취도에 따라 잔인하게 차별적으로 대우받으니 자기가 사랑받는다고 느낄 수가 없어요.

세 번째로 봐야 할 것은 수업과 자습의 통합성입니다. 핀란드에서는 선생님이 판서를 하고 아이들이 일방적으로 수업을 듣는 모습은 거의 찾아볼 수 없습니다. 선생님이 짧고 간단하게 수업시간에 다룰 과제를 안내하고 나면 각자 알아서 자습이나 조별활동을 통해 내용을 이해하고 문제를 해결해보다가 필요한 경우 선생님께 도움을 청해 보충 설명을 듣는 방식입니다. 철저하게 수업과 자습이 통합되어 있는 모델이지요.

반면 대한민국에서는 일률적으로 수업 듣고, 연습 및 정리에 필요한 자습활동은 혼자서 하는 경우가 대부분이에요. 부족한 부분이 있어도 일단 '공부는 혼자 하는 것'이라는 인식이 강하기 때문에 자유로이 물어보는 환경이 마땅치 않지요. 자습을 통한 공부에 부담이 생길 수밖에 없고, 수업시간에도 자기가 참여할 수 있는 여지가 별로 없으니까 수업이 지루하게 느껴지기도 하는 겁니다. 반드시 개선이 필요한 부분이지요.

네 번째로 볼 부분은 연습의 타이밍입니다. 핀란드에서는 수업시간에 선생님의 안내를 받으면 바로 읽고, 연습하고, 정리하는 시간이 진행돼요. 방금 배운 것을 바로 연습해 자기 것으로 소화해내는 완결적 학습 모델이지요. '수업 들을 땐 알았는데 막상 집에서 혼자 해보니까 안 된다.'며 어려움을 호소하는 한국의 학습 모델과는 전혀 딴판입니다. 한국에서는 일단 10분 정도의 휴식시간을 두고 연달아 이어지는 수업 속에서 끊임없이 내용 설명을 듣고 이를 '나중에' 복습하면서 정리하는 식의 공부가 이뤄지고 있지요. 이 나중은 주말이 될 수도 있고 시험 기간 직전이 될 수도 있습니다. 이는 우리가 이제 익히 알고 있는 '에빙하우스 망각곡선(학습된 내용이 시간의 흐름에 따라 잊혀가는 정도를 나타내는 곡선)'의 복습 지침에도 위배되는 매우 비효율적인 방식입니다.

핀란드 교실에서 실천하고 있는 효율적인 공부 시스템을 각 가정에서 시도해보면 좋은 효과를 거둘 수 있을 겁니다. 학습효율을 높이기 위해서는 이와 같은 공부방법과 함께 두뇌와 심리 차원의 원리 이해가 꼭 필요합니다. 두뇌가 싫어하는 학습조건을 피하는 것만으로도 상당한 수준의 학습효율에 도달할 수 있지요.

학습효율을 떨어뜨리는 요인 ❶ 경쟁 몰입

두뇌가 효율적으로 학습하도록 하려면 점수나 등수로 압박하지 말아야 합니다. 지나치게 경쟁을 강조하는 환경에 있으면 두뇌는 경쟁 자체에 집중력을 빼앗깁니다. 과제 자체가 아니라 경쟁에서의 승리라는 외적 보상에 주목하게 되지요. '힘들어도 대학 가려면 공부 열심히 해야 된다.'는 말이 이를 잘 표현하고 있습니다. 하지만 경쟁의식에 빠지면 과제가 갖고 있는 속성, 논리 등에 순수하게 주목하지 못하고 자꾸 주의력을 외부적 동기에 빼앗겨서 사고능률이 떨어지게 됩니다.

소위 '촛불 문제'로 불리는 문제가 있어요. 성냥, 압정 한 상자, 양초로 촛농이 바닥에 떨어지지 않게 하면서 양초를 벽에 붙이는 방법을 묻는 것입니다. 두 학생 그룹에게 이 문제를 제시하고, 한 그룹에는 문제 해결 속도에 따라 상벌을 적용하겠다 말하고, 한 그룹은 아무 조건 없이 문제를 자유롭게 풀 수 있도록 했습니다. 그랬더니 예상할 수 있는 것처럼 내적 동기 즉 문제 해결 자체에 집중한 그룹이 더 높은 성과를 보였습니다.

학습본능을 효율적으로 관리하려면 당연히 내적 동기에 집중할 수 있도록 배려해야 합니다. 성적 올랐다고 게임기를 사준다거나 성적 떨어졌다고 아이를 인격적으로 무시하면 학습효율이 떨어지는 것은 물론 아이도 상처를 입습니다.

학습효율을 떨어뜨리는 요인❷ 획일성

사람은 누구나 획일적인 방향과 방식으로 일률적인 교육을 받는 것보다 자기 개성을 존중받고 이를 발전시킬 수 있는 방향으로 지원받는 것을 선호합니다. 앞서 모든 아이들에게 일률적으로 적용되는 공부 기술 같은 건 없다고 말씀드렸지요. 아이의 노력이 부족한 게 아니라 아이가 아직 적합한 방법을 찾지 못한 것입니다. 자기 개성에 맞는 길을 찾을 수 있도록 배려해줘야 합니다.

학습효율을 떨어뜨리는 요인❸ 평가 중심주의

우리는 배움을 좋아할까요, 평가를 좋아할까요? 두뇌의 본성상 사람이라면 누구나 배움을 좋아할 수밖에 없어요. 호기심을 채우고 흥미에 열중하는 것은 두뇌가 가장 좋아하는 자극 중 하나입니다. 우리는 다만 평가를 싫어했던 것뿐이에요. 공부를 싫어하는 게 아니라 '시험공부'를 싫어했던 겁니다. 따라서 우리는 시험공부의 압박으로부터 최대한 자유로워지고 배움 자체가 주는 즐거움에 집중할 수 있는 방향으로 아이를 지도해야 합니다.

또한 두뇌는 직접 참여하고 주도할 때 더 긍정적으로 반응하게 되어 있습니다. 무언가를 배울 때 직접 참여하는 방식을 도입하면 학습효율이 높아진다는 말이지요. 이러한 두뇌의 습성을 잘 파악해서 공부를 설계하면 효율적이고 편안한 학습이 가능해집니다.

자연스러운 순서만 찾아주면 된다

경쟁을 중심으로 공부하는 것, 잠을 줄여가며 시험 대비를 하는 것은 효율적인 공부법이 아닙니다. 그러면 효율적으로 공부한다는 것은 어떤 모습일까요? 아이에게 맞는 자연스러운 순서대로 공부하는 것입니다. 먼저 흥미가 있는 부분을 찾고 그 흥미를 관심사로 발전시켜 표현해보고, 그 과정에서 새롭게 얻은 인식을 바탕으로 공부해나가는 겁니다.

중학교 1학년 때 수학 시험만 보면 전교 160등 정도 하는 평범한 학생이 있었습니다. 그런데 어느 날부터 조금씩 흥미가 생기는 '경제'를 탐구하기 시작하면서 노트에 자기만의 교과서를 만들기 시작합니다. 그러면서 어려운 대학 교재까지 참고해가며 새벽 늦게까지 경제 노트를 만드는 것이 취미로까지 발전했지요. 물론 경제공부에만 신경을 쏟는 아들을 보면서 어머니가 전혀 걱정이 없는 것은 아니었지만, 아이가 무언가에 열정을 보이는 것은 처음이기에 지켜보기로 했지요.

그렇게 자기 흥미를 파고드는 과정 중에 아이는 자연스럽게 학습능력을 기르기 시작했고, 결국 강남 소재 한 고등학교에서 전교 1등을 차지하게 되었어요. 경제공부를 통해 개발한 공부방법, 공부 습관을 취약 과목이던 수학을 비롯한 다른 과목에 적용하기 시작하자 전체적으로 우수한 성적을 거둘 수 있었던 것이지요.

여기서 우리는 아이가 자신만의 자연스러운 순서를 찾아 집중하게 되는 과정을 확인해볼 수 있습니다. 자녀가 순수하게 호기심, 흥미를 느끼는 대상을 열심히 찾고, 그 대상에 자기가 좋아하는 방식대로 집중해나가면서 다양한 방식으로 자신의 지적 성찰 과정을 표현해보는 겁니다. 그렇게 표현된 결과물을 놓고 아이는 이를 더 발전시키기 위해 스스로 노력하게 될 것이니 부모는 이러한 과정과 결과에 대해 지지와 격려를 불어넣어주면 되겠지요.

그런데 우리 아이는 교과내용과 별로 관련도 없어 보이는 내용들에만 호기심이 있다고요? 그럴수록 부모가 욕심을 내려놓고 아이의 흥미를 보호해주어야 합니다. 무당벌레에 관심을 보인다 해도 상관없습니다. 무엇에라도 흥미를 느끼는 일에 열중하기 시작하면 그것이 무엇이든 간에 아이에게는 훌륭한 학습이 됩니다. 못 미덥다면 '무당벌레 살리기 프로젝트'에 집중한 이환희 양을 검색해보세요. 어떤 주제라 해도 이를 자세하게 알아가는 과정에서 아이는 특정 주제에 대해 깊이 숙달하는 방법을 익히게 되어 있습니다. 이 과정을 통해 배움에 대한 긍정적인 감정을 발전시킬 수 있고, 교과 과목에 적용하게 될 자신만의 다양한 공부 기술들을 개발하여 익히게 됩니다. 아이의 호기심을 제한하지 마세요. 부모가 생각하는 것보다 아이의 성장 잠재력은 훨씬 더 큽니다.

분위기를 먼저 만들면 습관은 달라진다

아이의 공부 습관을 위해서는 부모도 노력해야 합니다. 부모는 계속 드라마를 보면서 아이한테는 공부하라고 시키면 아이가 하고 싶을까요? 학원 광고지 모아 정리하는 데만 열심이고 "공부는 너 혼자 스스로 하는 거야." 하며 뒤로 빠지는 경우도 많지요. 말로는 자기 아이를 위해 뭐든 다할 수 있다면서 그깟 드라마 하나 제대로 통제 못하는 부모가 참으로 많습니다.

이런 분위기에서라면 아이가 자기주도적 공부 습관을 쉽게 정착시킬 수 없습니다. 따라서 우리는 배움에 대한 건설적 분위기를 만들고 유지하는 데 엄청난 노력을 투자해야 됩니다. 어떤 어머니는 딸에게 영어를, 아들에게 수학을 배우면서 함께 공부를 한다고 합니다. 거실에 모여 각자 책을 보는 가정 문화를 정착시킨 집도 있습니다. 이런 식으로 아이들이 자연스럽게 공부하는 분위기에 동화되도록 배려와 지원을 아끼지 않으면, 공부하는 습관을 새롭게 정착시키는 일은 쉽게 진행될 수 있습니다.

부모가 가장 열심히 지원해주어야 할 것은 정보와 돈이 아니라 즐거운 공부에 동참해서 아이와 함께 배워나가는 문화입니다. 오늘부터 거실 공간을 독서 중심의 배움의 장으로 만들어보면 어떨까요? 거실에 책장을 두어서 각자 그때그때 좋아하는 책을 꺼내볼 수 있는 도서관처럼 만드는 것도 괜찮겠지요. 우리 가정에는 어떤 방식이 어울릴지 이번 기회에 가족끼리 머리를 맞대고 함께 의논해보기 바랍니다. 물론 이 과정에서 아이들이 스스로 원하는 방향, 흥미를 느끼는 내용, 자기 역량에 적합한 방법 등을 최대한 고민한 후에 결정할 수 있도록 도와주고 그렇게 나온 의견들을 전적으로 지지하고 지원해주는 게 가장 좋겠지요.

대응 논리 정리해보기

지금까지 방법에 관한 구체적인 고민에 대해 살펴보았습니다. 기존 교육 문화에 빠져 다른 곳을 보지 못하는 사람들이 의문을 제기할 때 여유롭게 우리의 생각을 나타내보세요.

"부모가 나서지 않는데 어떻게 좋은 대학에 보내요?"

→"부모가 챙겨야만 움직이는 아이는 '망가진 아이'예요. 한국에서는 오히려 부모가 나서지 않을 때 아이가 살아날 수 있어요. 우리 아이는 자기 스스로 공부하는 방법을 찾아가고 있답니다."

"부모의 정보력과 경제력은 대물림되는 것이에요."

→"경제력과 정보력이 대물림되는 게 아니라 부모가 지니고 있

는 공부에 대한 태도가 대물림되는 것이겠지요. 우리가 공부를 싫어했기 때문에 아이에게도 공부란 원래 괴로운 것이라고 가르쳐온 것이에요. 공부를 재밌게 즐겨왔다면 어떻게 가르쳤을까요? 그래서 우리는 공부에 대해 긍정적인 추억을 쌓아가는 중이에요. 그리고 이게 성공하는 데 결정적인 밑거름이 될 것입니다."

"글쎄, 애가 특별하면 몰라도 원래 부모가 뛰는 만큼 성적이 나오는 것이지요."

→ "대한민국에서는 본능적으로 타고난 학습 본능조차 제대로 활용하지 못하는 경우가 대부분이에요. 우리 아이는 아직 교과 외적인 영역에 집중하고 있지만 이걸로 타고난 학습 본능을 잘 일깨워서 결국 탁월한 자기주도적 학습자로 완성될 수 있을 거예요. 난 그 길을 끝까지 지켜줄 것이고요."

"어디서 이상한 소리 듣고 와서 고집부리지 말고, 정신 좀 차려요."

→ "사교육시장에 나돌고 있는 공식들로 성공하는 아이들은 기껏해야 1% 정도밖에 안 돼요. 그런 확률 게임에 아이 인생을 걸 수는 없어요. 아이들은 자기 개성에 맞는 방식으로 공부할 때 성공 확률이 가장 높아요."

"다 뒤로 호박씨 까는 거 몰라서 그래요?"

→ "경쟁의식에 갇힌 병든 마음으로 세상을 바라보지 마세요. 사교육시장에서는 자기만 믿으면 된다면서 이상한 기술들을 제시하고

있지만, 여태까지 과학자들이 연구해서 밝혀낸 두뇌의 작동 원리를 기반으로 공부하는 방식만큼 신뢰할 수 있는 길은 없어요."

"나중에 애들이 원망하면 어쩌려고요!"

→ "맞아요. 나중에 아이들이 원망하고 외면하면 어떡하려고 그래요? 그렇게 애를 잡으면 아이는 엄마의 통제에서 벗어나려고만 할 거예요. 나는 건강한 방식을 통해서 아이들과 감동스러울 정도로 가까워졌어요. 아이들이 내게 진심으로 고맙다고 말하죠."

이제, 부모로서 살겠습니다

중 3인 딸은 요즘 역사에 빠져 혼자 정리하고 외우고 교과 선생님께 칭찬도 듣고 있습니다. 중간고사 기간이라 다른 공부도 해야 하지 않나 걱정되고 간섭도 하고 싶지만 지켜보려 합니다. 시험 걱정도 있지만 아이가 공부하려 할 때를 놓치면 안 되지요. 다른 공부도 관심 있는 부분부터 해보라고 했습니다. 이제 아이들을 보는 나의 시선이 조금은 부드러워진 것 같아요. 자기 방법을 찾을 때까지 지켜보려 합니다. 성취, 동기, 관계 명심하겠습니다.

– 재미맘 님

○△× 문제 공략법

문제 풀이 과정을 한결 재미있게 만드는 ○△× 문제 공략법을 소개합니다. 먼저 문제집의 목차를 펼쳐놓고 각 단원에 대한 이해도, 기억도, 활용도가 어느 수준인지 판단해봅니다. 그리고 도전하고 싶은 순서대로 크게 ○, △, ×의 3단계로 분류하세요.

그런 후 공부할 의욕이 적은 날에는 동그라미를 중심으로 도전해보고, 의욕이 넘치는 날에는 세모를 중심으로 도전해보는 것입니다. 수학은 계통 학문이라 순서대로 익혀야 한다는 주장도 있지만 실제로는 학습자가 해당 내용에 대해 지니고 있는 기존 정보망에 따라서 주관적인 난이도, 학습효과 등이 달라지기 때문에 개별적 수순에 맞춰 공부해도 전혀 문제가 없습니다.

그리고 특정 단원을 공부하기로 마음먹었으면 단원 내 문제를 또다시 ○, △, ×로 분류합니다. 모든 문제를 일단 쭉 훑어본 다음에 잘 풀릴 것 같은 문제, 적당히 도전해볼 만한 문제, 어려워 보이는 문제로 구분하는 것이지요. 그런 다음에 마찬가지로 의욕이 적은 날에는 동그라미부터 전부 풀어도 되고, 의욕이 넘치는 날에는 세모부터 푸는 겁니다. 그렇게 동그라미, 세모 수준을 다 해결하고 나면, 기존에 엑스로 표시해놨던 문제들 중에서 주관적 난이도가 세모로 바뀐 문제들이 생깁니다. 그러면 다시 그 문제들을 새롭게 분류하고 도전해보는 것이지요. 이런 식으로 계속 반복하여 순차적으로 모든 문제를 정복해나가면 학습 부담을 덜 받게 되고 자기 수준에 맞춰 최대한 공부에 몰입할 수 있게 됩니다.

그런데 어떤 문제들을 분류해보니 50% 이상이 엑스로 분류되면 어떻게 해야 할까요? 그 책이 아이에게 적당한 난이도의 문제집이 아닌 겁니다. 더 쉬운 문제집으로 바꿔서 공부해야지요. 일률적 기준은 없지만 엑스에 해당하는 문제가 20%를 넘지 않는 수준으로 고르는 게 학습의욕 관리에 도움이 될 수 있습니다.

여기서 우리가 특별히 주의해야 할 사항이 있습니다. 우리는 보통 진도 속도가 빠르면 좋다는 생각이 있어서 기본문제들을 한두 번 풀고 나면 곧바로 응용문제 단계로 넘어가는 경향이 있어요. 한두 번 할 수 있다고 해서 충분히 연습된 게 아닙니다. 여러 번 반복적으로 풀면서 기본문제들을 능수능란하게 풀 수 있을 정도가 된 다음에 응용 단계로 넘어가야 해요. 응용력은 기본기에 대한 숙달이 전제가 되어야 제대로 발달할 수 있는 영역이기 때문입니다.

6강

학습-입시-진로 '성공' 로드맵 짜기

"진로 때문에 고민하는 우리 아이, 부모로서는 아이의 꿈을 지원해주고 싶지만, 학부모로서는 일단 대학부터 생각하게 됩니다. 적성 다 무시하고 무작정 입시부터 파야 할까요? 아닙니다. 개성을 살리면 결국 경쟁에서도 승리할 수 있습니다."

1 복잡한 제도 속에서 살아남는 법

그동안 힘드셨지요?

초은이 엄마는 요새 들어 대한민국에서 아이 키우는 게 얼마나 어려운 일인지 절실히 느끼고 있다. 첫째아이 초은이가 이제 중학교 3학년이 되었기에 어느 고등학교를 선택할지 고민이 되는데, 아무리 설명을 들어도 입시제도의 큰 그림조차 제대로 잡히지가 않기 때문이다. 알고 있는 것은 그저 특목고가 좋다는 것과 일반 인문계 고등학교에서는 좋은 대학 가기가 어렵다는 것 정도다.

고등학교 입시도 이렇게 어려운데 대학교 입시까지 공부할 생각을 하면 정말 끔찍하다. 고등학교 자녀를 둔 선배 학부모를 만나 보니 대입제도는 수백, 수천 가지여서 무엇을 기준으로 준비해야 할지 판단이 서지 않고 그래서 일단 다 준비할 수밖에 없다고 한다.

현실이 이렇다 보니 꿈이니 뭐니 하는 것들은 늘 뒷전이 되기 마련이다. 아이가 뭘 하고 싶어 하든 일단 중간·기말고사부터 잘 봐야 뭐가 되도 될 테니 말이다. 초은이는 아나운서가 되고 싶은 마음에 교지 편집부 활동도 하고 있는데 엄마는 거기에 적합한 학과에 들어갈 점수가 나오기만을 바라는 마음이다.

하지만
이번 장을
읽고 나면!

★ 복잡하기만 했던 고입 · 대입제도에 대해 명쾌하게 이해할 수 있게 됩니다.

★ 더 이상 내신, 수능, 논술, 특기 모두 다 준비하느라 고통스러운 비명을 지르지 않아도 됩니다.

★ 아이 개성에 적합한 고등학교 입시 전략에 대해 방향을 잡을 수 있게 됩니다.

★ 아이 진로에 맞게 설계된 입시 전략을 통해 진정성 있고 일관된 계획을 세울 수 있게 됩니다.

합리화 vs 개성화

우리는 사회적 존재로서 법, 제도, 관습, 문화 등의 규범 속에 살아갑니다. 이 중에는 생존과 번영에 도움이 되는 원칙에 기반을 두는 내용도 있지만 일부는 과학의 발전 속에서 거짓으로 판명된 것들도 있지요. 그런데 일단 사회를 지배한 바 있는 의견은 그 자체로 생명력을 갖게 되어서 쉽게 사라지지 않아요. 오히려 있는 힘을 다해 소수의 반대파들이 기어오르지 못하게 필사적으로 응징하고 있지요.

> 개인들은 소통행위를 통해 언어, 역사, 지식 등에 통합되는데, 이때 개개인 고유의 개인성은 상실된다. 이런 '합리화과정'에 저항하는 자는 정신질환자, 위험인물, 야생인간 등으로 낙인찍히고, 공동체를 향해 복종할 것을 강요당한다. 합리적 공동체는 고

문 같은 수단을 동원해서라도 그들을 공동체 안으로 편입시키려 애쓰며, 여의치 않으면 격리시키기도 한다.

《아무것도 공유하지 않은 자들의 공동체》, 알폰소 링기스, 김성균 역, 바다출판사

우리는 지금 한국의 전통적 교육 문화에 반기를 드는 '반대파'의 깃발 아래 모여 있습니다. 아직 대세는 사교육 중심의 엄마 주도적 학습 모델이니까요. 이 대세가 행사하는 합리화의 위력은 실로 대단해서 우리는 아주 간단히 '이상한 녀석들'로 격리될 수 있어요.

'합리화'는 다른 표현으로 '획일화'입니다. 그럼 반대말은 무엇일까요? 바로 '개성화'입니다. 획일적인 기준을 맹목적으로 따라가는 것이 아니라 자기에게 맞는 길을 찾아야 해요. 그렇다면 합리화와 개성화가 충돌한다는 것은 어떤 의미일까요?

일단 우리 사회에는 부와 지위가 기준이 되는 성공에 대한 합리화된 생각이 있지요. 교육에 대해서도 합리화된 생각이 존재합니다. 사교육에 전적으로 의존해서라도 무조건 경쟁에서 앞서가야 하며 이를 위해서는 부모의 경제력과 정보력이 관건이라는 생각이 학부모 사회를 지배하고 있지요. 이제 우리는 여기에 맞서 개성화를 시도해야 되는데, 그 전에 먼저 생각해야 할 지점이 있습니다. 철저하게 합리화된 부모는 본인의 의도와 관계없이 아이의 개성을 위협한다는 점입니다. 획일화된 틀 속에 아이를 밀어 넣으면 아이는 개성을 잃을 수밖에 없지요. 그게 지금 우리 청소년들의 현실이고요. 물론 경쟁 구조 안에서 앞서가는 사람은 항상 나오게 되어 있어요. 그리고 이들을 칭송하고 지원하고 뒷받침하는 구조가 워낙 탄탄하다

보니까 그들은 승자가 되고 그렇지 않은 대부분의 친구들은 패자가 되겠죠. 이런 공고화된 구조 속에서 뚜렷한 자기 개성을 갖고 살아가는 건 상당히 어려운 일입니다.

제도라는 건 마치 잘 정비된 철길 같아서 제도권 안에 소속되어 있는 사람들에게 소위 말하는 '엘리트 코스'를 명확하게 제시하고 있지요. 그런데 막상 이 길을 가려는 한 사람 한 사람의 개성을 살펴보면 굉장히 다양합니다. 이 사이에 충돌이 생기는 것이 당연할 텐데 이 충돌을 어떻게 처리해야 할까요? 혁명을 일으켜 제도를 무너뜨려야 할까요?

우리가 당장 현실에서 시도할 수 있는 길은 제도를 해체해서 개성화의 길을 가는 겁니다. 꽉 막혀 보이는 제도도 해체해놓고 보면 그 속에 분명 개성화의 여지가 남아 있습니다. 이게 우리가 취할 수 있는 현실적인 대안입니다.

대입제도 속에 숨어 있는 다양성

입시제도를 해체해보면 아이를 맹목적인 점수 경쟁으로 내몰지 않고도 개성에 맞게 입시 전략을 구사할 수 있는 방법이 있습니다. 그러려면 먼저 대입 전형제도의 다양성을 제대로 이해해야 합니다. 어떤 친구는 특기자 전형으로, 어떤 친구는 수능점수를 중심으로, 어떤 친구는 학생부 성적으로 각자 자신의 강점에 맞춰 입시에 도전할 수 있어요. 논·구술, 적성검사와 같은 대학별 고사나 입학사정관제도라는 새로운 입시 패러다임을 통해 목표에 도전할 수도 있습니다. 입시제도 속에는 다양한 길이 이미 준비되어 있어요.

대학별로 실시하는 입시전형들은 종류가 많고 이름이 제각각이라 어렵고 복잡하게 느껴지지요. 하지만 이름만 다를 뿐 어떤 성적에 중점을 두는지에 따라 몇 가지 유형으로 간단히 정리됩니다. 어떤 전형은 내신 성적으로만 평가하고 어떤 전형은 논술 시험을 중심으로 평가하는 것이지요. 그래서 내신에 자신 있는 학생은 내신전형에, 논술에 자신 있는 학생은 논술전형에 지원하면 됩니다.

전형방식에 대해서도 살펴봐야 합니다. '간접평가'와 '직접평가' 그리고 '결과평가'와 '과정평가'라는 개념들을 이해해야 합니다. 먼저 수능, 내신, 대학별 고사는 간접평가입니다. 사람을 직접 평가하는 게 아니라 시험성적 등의 서류를 통해 평가한다는 개념이지요. 직접평가로는 입학사정관제가 있어요. 단순히 성적과 기타 서류만이 아니라 직접 대면하여 종합적인 모습을 평가하겠다는 개념이지요. 시험성적이 좋아야만 유리한 것이 아니라 진정성 있게 다양한 활동을 하며 도전해왔다면 마찬가지로 유리하다는 것입니다.

결과평가와 과정평가 개념도 비슷합니다. 특기자, 수능, 내신, 대학별 고사는 결과평가에 해당합니다. 여기서는 학생이 각종 서류로 증명하는 역량만을 평가하지 그것을 취득한 과정에 대해서는 묻지 않습니다. 절묘하게 찍어 만점을 받았든 혹독한 가정 형편 속에서 힘겹게 공부하여 점수를 올렸든 똑같이 점수로만 평가합니다. 반면에 과정평가인 입학사정관전형은 전혀 다른 개념이지요. 결과만이 아니라 과정을 볼 수 있는 인성, 환경 등의 측면들을 평가해서 입시에 반영합니다.

각 입시전형의 성격과 주요 반영 요소를 살펴보면 자신에게 유리한 전략을 설계할 수 있습니다. 이 부분에 대한 이해가 부족하면 위의 모든 전형을 전부 준비하는 실수를 범하게 되지요.

수시와 정시

입시제도의 큰 축은 수시와 정시입니다. 내신 중심, 내신+논술, 내신+면접, 내신+특기+기타 유형을 묶어 '수시'라 하고, 수능 중심, 내신+수능 유형을 '정시'라 합니다. 국가에서 정한 시험인 수능으로 학생을 선발하는 전형들은 '정시', 국가고사 중심의 '한 줄 세우기 현상'에서 나타나는 한계를 극복하기 위해 대학에서 자율적으로 정한 그 외의 전형은 '수시'인 것입니다. 수시는 기본적으로 국가고사의 지배력을 최대한 약화시킨 전형입니다. 수능만으로 평가될 수 없는 학생들의 다양한 개성을 갖가지 평가 요소를 통해 수시로 선발하기 위해 대학이 자율적으로 정한 전형들이지요.

흔히 말하는 '스펙'이란 것도 이 다양성을 이해하는 연장선 위에서 살펴봐야 합니다. 서울대에서 텝스를 요구한다고 해서 모든 학과, 모든 전형에 지원하는 학생들이 전부 텝스를 준비해야 하는 것은 아닙니다. 각 전형마다 요구하는 인재상이 다르고 주로 반영하는 평가 요소가 상이합니다. 특정 학과에 특기자로 지원하는 학생이 자신의 전공 적합성을 증명하기 위해 제출하는 서류가 '스펙'이에요. 컴퓨터공학과에 지원하는 학생은 생물 올림피아드에서 입상할 필요가 없지요. 다른 부분도 이와 동일한 맥락에서 이해하면 됩니다.

한편 정시는 수능의 영향력이 절대적이에요. 내신 중심의 수시전형에서는 기말고사 성적에 약간의 차이만 있어도 평가에 큰 차이로 반영되지만 정시에서는 '학생부 3등급까지는 만점 처리'와 같이 반영 정도가 조절될 수 있습니다. 정시에서 학생부 성적은 대부분 명목상 반영하는 수준이에요. 그럼 인문계열 학과에 지원하는 수험생의 경우, 수학점수가 낮아도 소위 '좋은 대학'에 합격할 수 있을까요? 정시에서는 거의 불가능합니다. 수학점수를 반영할 뿐 아니라 가중치까지 두고 평가하는 경우도 많아요. 반면 수시에서는 가능할 수 있습니다. 정시에서처럼 수능 수학점수를 표준점수나 석차백분율로 반영하는 것이 아니라 등급으로만 반영하기 때문에 개인차를 낮출 수도 있어요. 심지어 수학점수를 제외한 국어, 영어, 사회와 같이 다른 영역의 점수만으로 평가하는 경우도 있고요. 따라서 이 수험생이 정시에 대비하려면 현재 부족한 수학 실력을 높이는 데 집중해야 합니다. 반대로 수시를 중심으로 준비한다면 수학에 쏟던 노력을 다른 영역으로 분산시킬 수 있어요. 특히 수학에 극심한 거부감이라도 갖고 있는 경우라면 정시에서 수시로 방향을 전환함으로써 더 많은 기회를 누릴 수 있게 되겠지요.

선택과 집중이 필요하다

이런 기사 제목을 본 적이 있습니다.

수능+논술+면접+스펙… 수험생 · 학부모는 비명!

무슨 말일까요? 저 항목들을 전부 다 준비한다는 말이지요. 이 기사는 제도를 굉장히 획일적으로만 이해하고 있어요. 제도 속에 숨어 있는 다양성을 정확하게 분석해 각각에 맞도록 준비하면 되는데, 그저 지원 기회가 늘어난 만큼 더 많은 준비를 해야 한다고 생각한 것입니다.

물론 거의 모든 입시 요소에서 두각을 나타내는 아이도 있어요. 이런 학생은 무엇 하나라도 포기할 이유가 없지요. 하지만 이러한 경우는 매우 드뭅니다. 자기에게 맞는 전형을 찾고 포기할 건 포기하는 결단이 필요합니다.

오해를 조장하는 사교육 세력

모든 입시 요소를 전부 준비해야 한다는 사고방식 속에는 이른바 '사교육 논리'가 숨어 있습니다. 사교육 업체 입장에서는 아이들이 개성에 맞는 전형을 선택해 집중하는 것보다 전형 요소를 전부 다 준비하면서 자기 업체의 다양한 상품을 최대한 많이 소비해야 좋겠지요. 잘못된 분석으로 인한 오해 그리고 학생과 학부모가 품는 불안과 욕심이 사교육 업체의 이익 추구와 만나 기형적 과열 현상을 만든 겁니다.

사교육 산업은 여전히 기회를 놓치면 안 된다, 단기간에 완벽하게 대비시켜 줄 수 있다는 말로 끊임없이 우리를 불안하게 할 것입니다. 하지만 제도 내 이점을 면밀히 분석하여 탐색해보면 우리 아이에게 적합한 길을 분명 발견할 수 있습니다.

고입제도, 제대로 이해하자

고등학교 입시는 어떨까요? 과학, 외국어 중점, 자율형, 마이스터(산업수요맞춤형) 등 다양한 계열이 있는데, 아마 대부분은 이를 서열구조로 파악하고 있을 것입니다. 영재고등학교가 최상위, 그다음이 과학고등학교, 외국어고등학교, 국제고등학교 순이겠지요.

다들 수직적 서열구조에 목숨을 걸다 보니 여기에 적응하지 못한 아이들이 적지 않게 발생합니다. 시험지를 절도하기도 하고, 학원 다니기가 힘들어 투신하거나 수험 부담을 견디지 못해 한강에 뛰어내리는 사례도 나오지요. 이런 일들이 발생하기까지는 여러 가지 요인이 작용했겠지만, 기본적으로 고등학교를 철저히 서열화된 수직적 구조로 바라보는 데서 온 병폐지요. 그러나 고등학교 입시는 내 아이의 개성과 적성에 적합한 학교가 어디인지를 고민하는 수평적 관점으로 바라보아야 합니다.

무작정 '높은' 곳만 향하는 현실

많은 부모가 외고, 국제고, 과학고에 관심을 보이지만 이를 맹목적으로 좇다 보면 어처구니없고 불합리한 공부환경에 처할 수도 있습니다. 먼저 외고, 국제고, 과학고는 전문교과를 80단위 이상 이수해야 해요. 외고에서는 전공 외국어를 선택하는데, 이때 별로 관심도 없는 언어를 대충 선택하는 경우가 있습니다. 전공으로 선택한 외국어는 62단위 이상 이수해야 합니다. 별로 흥미도 없는 외국어를 전공으로 선택하는 바람에 어마어마한 시간을 고통 속에서 보내는 학생들이 생기는 순간이지요.

보통 수능에 탁월한 경쟁력을 보이는 학생들은 수직 구조화된 고등학교 입시에서 무조건 위로만 올라가려고 합니다. 물론 이들이 통계적으로 '높은' 대학에 진학하는 경우가 많은 것은 사실이지만, 그건 확률적 접근일 뿐입니다. 각각의 경우를 면밀히 살펴보면, 단순한 서열구조에 맞춰 고등학교를 선택한 것이 부적합하게 작용하는 경우가 상당히 많이 발생하고 있어요. 하지만 아직도 대부분은 자신의 개성 따위 아랑곳하지 않고 무작정 높은 곳으로만 향하고 있는 실정이지요.

자기주도학습전형의 오해와 진실

학생과 학부모들이 간과하고 있는 그 '개성'은 인생에서는 물론이고 입시에서도 아주 중요한 키워드입니다. 무작정 높은 곳을 향하는 아이보다는 '자기만의 이유'가 있는 아이가 성공합니다. 그 예로 특목고 등에서 실시하는 자기주도학습전형 시스템을 한번 살펴보지요.

학교별 고사 선발권을 인정받는 학교에서는 현재 대부분 자기주도학습전형을 실시하고 있습니다. 자기주도학습전형은 우리 입시제도가 스스로 학생들의 다양한 능력을 공정하게 평가하기 위해 노력하고 있다는 증거가 되어줍니다. 현실적으로 어떻게 개성화를 추구할지에 대한 안내도 받을 수 있고요. 특목고 입학을 목표로 하지 않더라도 학생을 선발하는 기준이 어떻게 '개성'을 중시하는 방향으로 바뀌고 있는가를 살펴보면 중대한 시사점을 얻을 수 있을 것입니다.

자기주도학습전형은 어떤 과정을 거쳐 학생을 선발할까요? 외국어고등학교의 경우를 살펴보도록 하겠습니다.

외국어고	1단계	영어 내신 성적(160점) + 출결 → 1.5 ~ 2배수 선발
	2단계	1단계 성적(160점) + 면접(40점)으로 선발 (면접 = 자기주도학습 영역+인성 영역)

우선 1, 2단계에 언급되는 전형 요소에 대해서는 설명이 필요 없겠지요. 그런데 2단계를 보세요. '면접'이 있습니다. 그것도 자기주도학습 영역과 인성 영역으로 구성되어 있어요. 여기서 중요한 것은 '인성 영역'입니다. 사교육계의 통념과 달리 입시제도는 이미 인성 평가에 무게를 두고 있어요. 그런데 인성을 평가한다는 것이 가능할까요? 많은 사람의 우려와 다르게 대부분의 학교에서 상당히 정교하게 인성을 평가해내고 있습니다.

교육부가 제작한 자기주도학습 지침에 제시된 예시 문항을 보면 '배려, 나눔, 협력, 타인 존중, 갈등 관리, 관계 지향성, 규칙 준수 등 본인의 핵심 인성요소에 대한 중학교 활동 실적 및 이를 통해 배우고 느낀 점을 구체적으로 기술하십시오.(800자 이내)'라는 문항이 있어요. '핵심 인성요소'란 봉사 · 체험활동을 포함한 배려, 나눔, 협력, 타인 존중, 갈등 관리, 관계 지향성, 규칙 준수 등 학생의 인성을 나타낼 수 있는 다양한 요소를 의미한다고 나와 있습니다. 보통의 경우 학교에서는 여기 제시된 핵심 인성요소 중 두 가지 정도를 선정해 학생의 경험을 작성하도록 하고 있는데, 그 기록을 토대로 각자에 대한 '맞춤형 질문'을 제작해 인성 면접을 진행하지요. 학생의 진정성과 실제 성격을 평가하는 것입니다. 일률적 스펙 경쟁으로 승부하던 시대가 저물어가고 있다는 게 느껴지나요? 개성화는 이제 시대적 대세로 떠오를 것입니다.

자기주도학습전형의 인재상❶ 진정성 있는 학생

실제 입시 면접에서는 구체적으로 어떤 질문이 나올까요? 그 속에서 시험관들은 어떤 항목을 중요하게 볼까요?

· 뮤지컬 프로듀서가 되고 싶다고 했는데, 가장 좋아하는 뮤지컬 작품은? (D외고)

· 외교관이 되어 바로잡고 싶은 왜곡된 역사는 무엇인가? (D외고)

· ○○에 봉사활동을 가게 된 특별한 계기는? ○○ 지역은 어떤 곳인가? (M외고)

· 가족끼리 토론을 했다고 했는데 최근의 토론 내용은 무엇이었나? (H외고)

· ○○에서 봉사활동을 하는 동안의 문제점을 지적한다면? 본인이 기획자라면? (S국제고)

· 소개한 책에서 말하는 편향된 사고란 무엇인가?(Y외고)

· 《연을 쫓는 아이》를 읽었다고 했는데 연이 상징하는 것은? 그리고 학생의 연은? (S자사고)

자기주도학습전형의 구술면접 기출문제들입니다. 위 문제들에는 공통점이 있습니다. 바로 학생들이 제출한 서류를 토대로 한 맞춤형 질문이라는 점입니다. 이런 유형의 문제가 나오기 전에는 모든 학생들이 똑같은 질문을 통해 학업적 역량을 평가받는 방식이었습니다. 또 다른 사교육 과열 현상을 촉진하는 결과 중심의 평가 방식이었지요.

하지만 지금은 과정평가를 중시하는 방향으로 질문 자체가 바뀌었습니다. 드디어 '진정성'이 중요한 평가 척도로 사용되고 있는 것입니다. 입시 평가에서도 개성화가 중요한 요소로 기능하는 쪽으로 제도가 바뀐 것이지요. 역사적 진전이라고도 평가할 만한 변화입니다.

객관적인 점수만을 평가하는 결과 중심의 평가 방식에서는 수치화된 '스펙'이 중요했습니다. 어떤 아이는 200시간의 봉사활동 시간을 채웠지만 실은 모두 엄마가 대신한 것이고, 또 다른 아이는 봉사활동 시간이 20시간에 불과하지만 봉사 속에서 진정한 깨달음을 얻었다고 해봅시다. 옛날 같았으면 단순히 200시간과 20시간의 싸움이었으니 경쟁이 되지 않았겠지요. 하지만 이제는 이 둘이 수치적 차이를 넘어 진검 승부를 벌일 수 있는 방향으로 입시체제가 진보되었다는 것입니다. 아래 자기주도학습 전형위원들의 과정평가 지침을 살펴보세요.

과정평가 주의사항 ① 학생의 향기가 느껴져야 한다.

이제 자기주도전형에서는 What-Why-How-What을 묻습니다. 예전처럼 '무엇'을 했는지 묻는 것이 아니라 무엇을 왜 어떻게 했고 이를 통해 무엇을 깨달았는지 묻습니다. 학생이 제출한 경험에 대해 진정성을 평가하고자 하는 것이지요. 이렇게 자기만의 '향기가 나는' 학생을 찾아내는 것입니다.

과정평가 주의사항 ② 서류 자체를 평가하지 않는다.

애매한 스펙을 빼야 합니다. 결과를 중심으로 평가하던 시절에는 발각되지 않는 범위 내에서 최대한 자신의 이야기를 과대 포장하는 게 공공연한 관행이었어요. 이제는 과정을 평가하기 때문에 진정성에 의심이 가는 자료에 대해서는 철저하게 파고들어 진실을 가려냅니다. 학생이 꾸며놓은 갖가지 스펙이 아무리 화려해도 인성 면접이라는 직접평가 방식을 통해 종합적으로 검증하고 평가하기 때문에 애매한 스펙은 오히려 빼는 것이 이득이라는 설명입니다.

과정평가 주의사항 ③ 말 잘하는 학생을 뽑는 것이 아니다.

달변가를 뽑는 데 목적이 있지 않기 때문에 실전 면접 준비에 매달릴 필요가 없습니다. 전형위원들이 생각하는 우수한 학생은 화려한 수사와 유창한 논조로 이야기를 꾸며대는 학생이 아니라 진정성을 갖고 자신의 삶에 충실한 학생이라고 해석해볼 수 있습니다.

자기주도학습전형의 인재상 ❷ 일관성 있는 학생

다음은 '일관성' 평가입니다. 스스로의 주체성을 중점적으로 평가하는 자기주도학습전형인 만큼 어떤 꿈을 그리며 여기에 지원했는지 묻지 않을 수 없겠지요? 먼저 다음 표에 제시된 항목들을 보세요.

제출 서류		주요 항목	기타
자기개발계획서		자기주도학습 영역–지원 동기, 학습과정, 진로 계획, 독서 경험(2권)	1,500자 이내
		인성 영역–핵심 인성요소, 중학교 활동 실적(봉사 · 체험활동 등)	800자 이내
추천서	교사	자기주도학습 과정 및 진로 계획 평가	800자 이내
		인성 영역에 대한 평가	500자 이내
		고교 특성 고려한 평가 영역 반영 가능	
	학교장	필요시 전형자료로 활용 가능	
학교생활기록부		경시대회 수상 경력 및 인증점수 항목 삭제 교과 성적 제외	

자기주도학습전형에서는 자기개발계획서, 추천서, 학교생활기록부가 요구되는데, 이 서류들을 평가할 때 중요하게 적용되는 평가기준 중 하나가 바로 일관성입니다.

1) 교과 공부와 독서 경험의 연결 : 학생부의 교과 성적과 독서 경험의 연계성

2) 진로 계획과 봉사·체험의 연결 : 고등학교 지원과 관련된 진로 계획과 학생활동의 연계성

3) 봉사·체험과 인성 영역의 연결 : 봉사 및 창의적 체험활동

등의 경험과 인성 영역의 연계성

과정평가·직접평가를 위해서는 서류 평가와 구술면접이 진행되기 때문에 창의적 체험활동과 같은 부분이 중요한 대목으로 떠오르게 됩니다. 학생부에 기록된 학생의 다양한 경험들은 면접과정에서 중요한 질문 소재가 될 수밖에 없을 테니까요. 그러니 체험활동을 할 때 대충 출결만 찍으면서 형식적으로 참여해선 안 됩니다. 본 과정에서 탁월하다는 평가를 받으려면 실제로 체험활동을 통해 깨달은 점과 자신의 진로에 대한 고민 등이 일관된 조화를 이루고 있어야 합니다.

일관성의 개념을 제대로 이해하지 못한 학생은 잘못 준비해올 수도 있습니다. 한 학생이 필독서로 지정된《논어》의 핵심 내용들을 숙지하고 있다 가정해봅시다. 얼핏 보면 훌륭하다고 평가될 수 있을 것 같지만 "그래서 논어를 왜 읽었나?"라는 질문에 "그냥, 필독서라서요." 하고 대답하면 말짱 꽝입니다. 단순히 스펙을 높이기 위한 도구적 필요에 의해 책을 읽었기 때문이지요. 반면 자기 개성, 진로에 대한 성찰의 과정으로 '나비박사 석주명'에 관한 책을 읽었고 이를 통한 깨달음으로 자기 인생이 어떻게 변했는지 담담히 대답할 수 있다면 분명 좋은 평가를 받을 수 있겠지요.

또한 진로에 대한 설명으로 '어릴 적 꿈'이었다고만 주장한다면 어떨까요? 별다른 성찰을 보여주지 못하고 무작정 옛날부터 꿈이었다고만 주장하면 평가자들을 설득할 수 없겠지요. 반면 구체적인 체험 및 봉사 활동을 통해 깨달은 지혜를 계기로 지금의 진로를 결정하게 되었다고 설명할 수 있다면 좋은 평가를 받겠지요. 마찬가지로 인성 영역에 있어서도 원래 착했다는 주장만 펼친다면 평가자들을 효과적으로 설득할 수 없을 것입니다. 그동안 직간접적으로 겪어온 다양한 활동 속에서 유의미한 인성적 진보를 일궈낸 경험을 서술할 수 있어야 좋은 평가를 받을 수 있겠지요. 소소하더라도 구체적인 경험 속에서 얻어낸 깨달음과 일관성 있게 연계된 주장을 펼칠 수 있어야 합니다.

그럼 장래희망이 몇 차례 바뀌었다고 하면 불리하게 평가받을까요? 그렇지 않습니다. 아직 세상의 일부분밖에 경험하지 못한 학생들이 고정된 장래희망을 유지하는 게 오히려 특이한 일이지요. 명확하게 납득될 만한 이유를 설명할 수 있는 변화라면 오히려 더 긍정적인 평가를 받을 가능성도 있습니다.

자기주도학습전형의 인재상 ❸ 적응력 좋은 학생

- 중학교에서 1등만 하다가 등수가 좋지 않을 수도 있는데 힘들지 않겠는가? (S자사고)
- 만약 본인이 입학해서 징계 수준이 높은 체벌을 받았다면 어떻게 할 것인가? (M외고)
- 주위에 여러 특목고가 있는데 왜 우리 학교에 지원했나? (D외고)
- 룸메이트가 밤늦게까지 컴퓨터, 핸드폰을 해서 첫 시험을 망쳤다면 어떻게 할 것인가? (Y외고)

위 질문은 지원자가 학교생활에 얼마나 유익한 영향을 줄 수 있는 학생인지를 평가하고자 하는 것입니다. 첫 번째는 중간에 포기하지 않는 근성에 대한 질문, 두 번째는 교칙, 교사의 권위 등에 대한 준법정신을 묻는 질문, 세 번째는 지원 학교에 대한 애교심이 어느 정도인지를 묻는 질문이며 마지막 질문은 단체생활에 얼마나 적합하게 적응하는지에 대한 질문입니다. 네 질문 모두 학교에 수월히 적응할 수 있는지 점검하는 문항입니다. 이 중 한 부분에서라도 문제가 보이는 학생이라면 입학을 허가하지 않을 가능성이 매우 높겠지요.

자기주도학습전형의 인재상 ❹ 호응성 있는 학생

보통 자기주도학습전형에 지원하는 자녀를 둔 부모는 자기 자녀가 어렸을 때부터 줄곧 한 가지 꿈을 꾸어왔다는 것을 굉장히 강조하는 경향이 있어요. 하지만 앞서 언급했듯이 하나의 길만 걸어온 것이 꼭 긍정적으로만 평가되지는 않습니다. 아래 면접 문답을 보겠습니다.

Q. 일일교사가 된다면 어떤 수업을 하겠는가?

A. 언론학자가 꿈이기 때문에 언론, 경제와 관련된 수업을 하고 싶지만 현재의 지식으로는 가르치기 부족하니 축구 수업을 하겠다. 수업을 진행하면서 각 학생의 단점을 찾아 보완하고 마지막 5분간 미니게임을 통해 스스로 변화할 수 있다는 것을 보여주겠다.

이렇게 대답한 학생은 과연 어떤 평가를 받았을까요? 언론학자가 꿈이라고 했으면서 정작 수업시간에는 축구를 시키겠다고 했습니다. 이 학생은 많은 사람의 예상과 달리 본 질문에서 합격 점수를 받았습니다. '호응성'이 좋았기 때문입니다.

보통 예상 질문을 달달 외우고 온 학생들은 면접과정이 매끄럽지 못합니다. 자신이 준비한 질문만 받는 것이 아니기 때문이죠. 외워온 대답을 연결시키려 애쓰다 시간만 보내기도 하고 억지로 연결시키려 하다 보니 질문의 의도에서 벗어난 답을 하게 되기도 쉽습니다. 반면 진정 어린 자기 성찰로 대답하는 학생이라면 전혀 준비하지 못한 질문이 나와도 위의 경우에서처럼 유연한 자세로 대응할 수 있는 여유를 보일 수 있겠지요. 심지어 대답할 말을 전혀 떠올릴 수 없는 경우에도 "죄송하지만 전혀 생각해본 적이 없는 부분입니다. 다른 질문을 통해 만회할 기회를 주시겠습니까?" 하고 약간은 뻔뻔하게 인간미 넘치는 대안을 제안할 수 있는 넉넉함을 보여줄 수도 있는 것입니다.

패러다임의 전환

현 입시는 분명 정량평가에서 정성평가로 옮겨가고 있습니다. 기존에 강조되던 교과성적을 위한 공부도 충실히 해야 하지만 다양한 체험활동과 인성 개발 역시 중요하게 평가된다는 것이지요. 하지만 이러한 패러다임의 전환을 외면하거나 심지어 배척하기까지 하는 관성이 존재합니다. 배척하는 힘의 주체는 무엇일까요? 예상할 수 있듯이 사교육 산업 세력의 개입입니다. 정량평가와 달리 정성평가는 사교육의 힘으로 바꿀 수 있는 부분이 별로 없기 때문입니다.

입학담당관들은 교과공부에서 비롯된 관심과 관심의 확대 및 심화 그리고 다양한 체험과 진로의 연관성을 매우 높게 평가합니다. 단순히 필독서로 지정되었기 때문에 스펙 쌓듯이 읽은 《논어》보다 스스로의 흥미를 발전시키는 과정 중에 읽게 된 '나비박사'를 더 높이 평가하는 것입니다. 어떤 학생이 교과공부를 열심히 하다가 문득 마음에 들어온 사건이나 사람 등에 대해 연구하면서 정리한 자료야말로 입학담당관들이 가장 좋아하는 서류라는 것이지요.

최근 3년 정도 자기주도학습전형 등의 제도가 정착되어가면서 사교육 산업 세력의 저항과 전통적 입시 경향에 대한 관성에도 불구하고 과정평가 및 정성평가의 패러다임이 상당히 안착되고 있는 상황입니다. 최근 들어 대치동을 중심으로 정량평가 위주의 사교육 관리 무대에서 활약하던 학부모들이 짜증을 내는 경우를 많이 보게 됩니다. 정량평가와 달리 정성평가에는 학부모가 개입해서 바꿔놓을 여지가 거의 없기 때문입니다. 평소대로 자녀의 성적을 관리하던 학부모들이 기존 습관에 충돌하는 흐름이 강해지고 있다는 것을 느끼는 것입니다.

하지만 지금의 변화는 분명히 우리 사회를 더 건강하게 만들고 있는 희망의 바람입니다. 진정한 꿈나무가 정당한 평가를 받을 수 있는 방향으로 점차 변하고 있어요. 여기에 맞춰 우리와 우리 자녀도 건강한 승리를 추구하는 방향으로 전략을 준비해야 할 것입니다.

무엇보다 진로의식이 중요하다

이제부터 중요한 건 진정성과 일관성입니다. 그런데 이 두 개념을 압도하는 개념이 있습니다. 바로 '진로의식'이지요. 외고에 지원했다면 그 이유가 무엇인지, 과학고에 지원했다면 그 이유가 무엇인지 진지하게 고민해왔어야 한다는 것이지요. 진로의식이 결여되어 있는 답변은 결코 좋은 평가를 받을 수 없습니다. 학생이 무작정 '높은 곳'을 찾아 여기로 왔다는 느낌이 들면 일단 학생이 대답하는 모든 정성평가 관련 대답들은 일단 그 진정성부터 의심받기 시작하겠지요.

안타깝게도 아직 많은 학생들이 진로와 관련하여 학업을 설계하는 대신 무조건 높은 학교에 들어가기 위해 공부하고 있습니다. 그러나 '진로'가 아닌 '진학'을 목표로 자기 성찰 없이 달려가다 보면 반드시 사고가 발생합니다. 입시에서 불리한 정도의 문제가 아니라 인생 전체를 놓고 봤을 때도 매우 심각한 문제입니다. 자기가 무엇을 하고 싶은지, 무엇을 이루고 싶은지에 대한 큰 고민 없이 '1등'만을 위해 달리다 보면 어느 순간 방향을 잃고 무너지게 되지요. 이 때문에 정말 마음 아픈 사건들이 지금도 계속 발생하고 있습니다. 카이스트 학생들의 연쇄적인 자살 사건이 대표적입니다. 공부만 하던 학생이 어느 날 살인자가 되는 일도 발생하고요. 진학 패러다임에만 사로잡힌 우리 사회의 필연적 비극이지요.

학생들만 그럴까요? 40대 이상의 지도층, 30대 직장인, 20대 취업 준비생도 같은 상황입니다. 1등을 위한 경쟁 압박에 대한 피로감과 스스로의 의미 상실로 무너지는 사례가 너무나 많습니다. 계속 더 높은 곳으로 올라갈 생각밖에 못하게 만드는 입시 문화의 병폐지요. 이만큼 올라와서도 삶 자체가 여전히 고통뿐이라면 세상에 더 이상 미련 없다고 하는 것도, 안타깝지만 이해되는 측면이 있습니다.

삐걱거리는 과거 패러다임

또 다른 문제는 높은 곳만을 향해 달려가는 노력 자체가 무효화되는 현실에 있습니다. 미래학자들은 입을 모아 '평생직장', '평생직업'의 시대는 지나갔다고 주장합니다. 한 개인이 일평생 평균적으로 네 개의 직업을 갖게 될 것이라 전망하고 있어요. 그렇다면 어디로 가야 할까요? 무엇을 중점으로 인생을 계획해야 할까요?

이 위기의 돌파구는 '개성'에 있습니다. 자신의 개성에 바탕을 두고 진로를 개척해나간다면 자연히 열정적인 태도로 자기 길에 열중하게 되고 맹목적인 선두 경쟁이 아니라 건설적인 자질 개발에 힘을 쏟을 수 있을 것입니다.

최근 1억 2천만 원을 들여 대학을 졸업해도 50세까지 고졸자보다 3,000만 원밖에 더 벌지 못한다는 기사를 접했습니다. 대졸자가 고졸자에 비해 9,000만 원이나 손해가 난다는 거죠. 상위 10위 대학에 입학한 사람도 이것저것 준비하다가 취업이 3년 늦어지면 고졸 취업자보다 4,800만 원이나 손해가 난다고 합니다. 우리 사회가 숭상하다시피 하는 대표적인 정량적 잣대인 돈을 기준으로 봐도 아직까지 버티고 있는 진학 패러다임이 실제로는 제대로 기능하고 있지 못하다는 걸 여실히 볼 수 있는 자료이지요.

사회현상의 문제는 둘째 치더라도 한 가정을 책임지는 부모의 입장에서는 그 아이를 과거 패러다임에 가둘 것이냐 아니면 미래 패러다임을 통해 길을 열어줄 것이냐를 놓고 정말 진지하게 고민할 필요가 있습니다. 아이와의 관계, 아이의 행복, 아이의 미래 그리고 일부의 경우에는 아이의 생명까지 달려 있는 문제니까요.

신념을 가지고 진로를 개척하라

최근에 자기 확신을 갖고 새로운 길을 가는 반가운 사례가 생겼습니다. 금융업을 배우고 싶어서 상고에 입학한 후 고졸 출신으로 은행에 취업한 친구가 나온 겁니다. 이 학생은 중학교 졸업성적이 상위 0.4% 내에 들었습니다. 가정 형편이 어려운 것도 아니었기에 이 학생이 상고에 간다고 했을 때 만류하는 사람이 그렇게 많았다고 합니다. 하지만 이 학생은 자기 인생에서 정말 중요한 것은 진학이 아니라 진로라는 가치를 확실히 세우고, 이 신념에 따라 철저하게 설계된 진로 계획에 따라 행동했다고 합니다. 그래서 흔들리지 않을 수 있었지요.

그래도 이런 사례가 얼마나 성공을 거둘지 불안할 것입니다. 하지만 지금 우리나라에서는 실력이 인정받는 사회를 만들기 위해 다양한 주체들이 다각적으로 노력하고 있습니다. '학벌 사회'라는 낡은 패러다임으로는 더 이상 현실을 지탱하기 어려운 상황으로 가고 있어요. 국가 역시 이 문제에 적극적으로 개입할 수밖에 없는 상황이 되었습니다. 공공 영역 그리고 일부 민간 영역에서 실력 중심의 사회를 위한 다양한 정책적 지원과 제도가 뒷받침되고 있습니다.

새로운 길, 30세 출발론

이제는 '선 취업-후 진학'이라는 전략도 적극적으로 고려해봐야 할 시기가 왔습니다. 진로 중심으로 계획을 설계한다는 말에 진학을 포기한다는 느낌을 갖는 분이 있을지 모르겠는데, 결코 그렇지 않습니다. 여기서 새로운 사고방식을 하나 제안해보겠습니다. 바로 '30세 출발론'입니다. 개인의 특성에 따라 가장 적합한 방식으로 수순을 바꿔보자는 것이에요.

무기력하게 고등학교 생활을 마친 남학생의 경우를 생각해봅시다. 일단 성적에 맞춰 원하지 않는 대학에라도 진학은 할 수 있어요. 그렇게 대학교에 입학하면 보통 그렇듯이 청춘의 즐거움에 취해 젊은 나날을 보낼 것입니다. 그러다가 만족스럽지 못한 현실에 무기력해질 것이고, 이제 군복무까지 마치고 나면 27세 즈음 되겠지요. 이제 자신이 선택할 수 있다고 느끼는 현실 타개 방안이 '공무원 시험' 같은 것 외에는 딱히 없을 테고, 자연스럽게 노량진 고시촌의 암담함에 한몫을 담당하는 일원이 될 것입니다. 우리나라에는 현재 이런 식의 전개가 상당히 빈번하게 발생하고 있어요.

그런데 순서를 바꿔보면 어떨까요? 같은 친구의 미래를 다르게 한 번 그려봅시다. 무기력하게 고등학교를 졸업한 남학생이 있습니다. 아직 자기가 뭘 좋아하는지도 모르고 자기 인생에 어떤 공부가 왜 필요한지에 대해서도 막연한 두려움 외에는 현실적인 감각조차 갖추고 있지 못한 상태입니다. 그래서 무작정 어디라도 진학하기 전에 일단 진학 외의 적성을 탐색해 일을 시작하든지 아니면 자기 성찰의 기회를 갖기 위해 군에 입대할 수 있습니다. 고등학교를 갓 졸업한 학생이 볼 수 없는 시야를 사회 속 새로운 경험을 통해 터득하게 되겠지요. 이렇게 사회 속에서 몸을 부딪쳐가며 새로운 경험들을 직접 헤쳐나가다 보면 자신에게 무엇이 필요한지, 자신이 무엇을 하고 싶은지에 대해 전보다 훨씬 정리된 대답을 할 수 있게 될 것입니다. 그러면 이때 원하는 방향에 맞춰 진학과정을 재개하면 되는 것입니다. 30세까지 사회인으로서 출발할 준비를 갖춘다고 생각하면 그 안에서 수순을 뒤바꾸는 것은 별 문제가 되지 않습니다. 실제로 이렇게 순서만 바꿈으로써 '죽다 살아나는' 학생들이 정말 엄청나게 많습니다.

희망은 있다!

자, 이제 정리해보겠습니다. 획일적 제도에 매몰될 것이냐 개인의 성장에 맞춰 준비할 것이냐, 수직 구조의 경쟁 일변도를 따를 것이냐 개성에 따른 맞춤형 전략을 택할 것이냐, 눈앞의 이득을 노리는 단기전이냐 장기적 가치를 추구하는 장기전이냐, 과거 패러다임에 갇힐 것이냐 미래 지향적 패러다임으로 전환할 것이냐, 학벌의식의 노예가 될 것이냐 실용적 판단을 내릴 것이냐. 대략 이 정도의 화두를 다뤄보았습니다.

보통 사회는 많은 국민들에게 합리화과정을 거쳐 획일적인 의식을 심어줍니다. 성공에 대한 고정관념, 교육에 대한 생각, 부모 역할에 대한 일념 등에 대해 일정한 틀을 규정하고 그 안에 구성원을 가두려 하지요. 하지만 지금까지 살펴봤듯이 모든 암담한 상황에서도 결국 '살아날 길'은 있습니다. 진로 중심의 미래 지향적 패러다임 속에서 개인의 개성에 적합한 맞춤형 전략으로 장기전을 준비하는 실용적 판단을 내릴 수 있다면, 어느 누가 되었든 그 친구의 미래는 이전보다 훨씬 더 실용적이라고 판단할 수 있겠지요. 바른 길을 따라가면 여전히 우리에게 희망은 남아 있습니다.

이제, 부모로서 살겠습니다

저는 마치 강력한 무기 하나를 소지하게 된 것 같습니다. 아이들을 관찰하고 입시와 진로를 잘 연구해보면 아이들이 가기에 적합한 길이 보일 것이고 그 길로 갈 때 아이들이 망가지지 않고 자기에게 주어진 길을 갈 수 있다는 것이 큰 깨달음이었습니다. 우열이 아닌 다양성으로 아이들의 길을 바라보면 그 길이 얼마나 넓고 다양한지 새로운 시야를 얻게 되었어요. 부모의 관찰과 지지가 얼마나 중요한지 절실히 깨닫습니다.

– 전인선 님

2 로드맵 그리기

그동안 힘드셨지요?

고등학교에 갓 입학한 아들을 둔 홍재 엄마는 그동안 학부모로서의 노력을 다해왔다고 자부한다. 온갖 태교를 시작으로 지금 고등학교 입시에 이르기까지 프로 학부모로서 타의 모범이 되는 삶을 살아왔다. 그동안 천문학적 자원을 쏟아가며 자문받은 전문가만도 수십 명에 이른다.

그런데 대학 입시를 목표로 엄마표 교육과정을 설계하려고 보니 여간 어려운 게 아니다. 고등학교 환경에 맞춰 어떤 전략을 배치해야 되는지 감이 잡히지 않는 것이다. 전문가마다 하는 말이 다르고, 국어 독해력이나 영어 청취력 등 부족한 부분이 많은데 당장 중간고사가 코앞이라 막막하고 답답할 노릇이다. '베테랑 학부모인 내가 이렇게 힘든데 다른 사람들은 오죽할까.' 이런 생각이 드니 내심 위로가 된다. '내가 이기적으로 사나?' 하는 생각도 잠시 해보지만, 이내 생존을 위한 경쟁이니 어쩔 수 없다며 애써 양심의 소리를 무시해버리고 만다.

하지만 이번 장을 읽고 나면!

★ 국가 수준의 표준교육과정을 대체하는 엄마표 교육과정을 설계하는 고문에서 벗어나게 됩니다.

★ 불안한 마음에 내 아이의 학습 부진 문제를 조급하게 해결하려 들지 않고, 장기적인 관점에서 차근히 풀어갈 수 있게 됩니다.

★ 내 아이의 학습 부진 문제를 세부적으로 나눠 자세히 진단하고 문제 해결 과정을 다각도에서 진행할 수 있게 됩니다.

로드맵을 그려보자

이제 우리는 아이의 학습 단계와 주변 관계망을 파악하여 학습-입시-진로를 통합적으로 해결하는 로드맵 설계 단계까지 왔습니다. 아이가 갈 길에 대한 큰 그림을 그려놓고 학습에 영향을 미치는 여러 요소들을 종합적으로 고려하여 체계적인 계획을 세워보는 것이지요. 잘 그려놓은 지도가 있으면 그대로 따라가기만 해도 목적지에 도착하듯 학습계획을 잘 설계해두면 불안해하지 않고 목표를 이룰 수 있습니다. 로드맵 그리기를 통해 아이의 학습 상황 전반을 체계적으로 조망해보고 입시와 진로 문제의 현실적인 해결로 나아가 보도록 합시다.

엄마표 교육과정의 위험성

지도를 따라갈 때는 나침반이 필요하지요? 로드맵을 그릴 때는 기준점과 방향부터 점검합니다. 로드맵을 그릴 때 기준이 되는 것은 '공교육'체제 안에서 아이의 상태입니다. 아이의 학습과정에 대한 설계는 이미 공교육체계 안에 마련되어 있습니다. 우리가 학교를 신뢰하지 않고 학교 밖에서 부모의 힘으로 아이를 교육시키려 하고 있을 뿐이지요. '학교 수업'이라는 기준점을 놓치면 선행학습 같이 끝도 안 보이는 경쟁 과제에 압도당하고 '걱정의 쓰나미' 속에서 방향을 잃게 됩니다.

공교육만으로는 뭔가 부족한 것 같고 앞서고 싶은 욕심도 생기니 영어학원이나 수학학원에서 제공하는 별도의 교육과정이 필요한 것처럼 느껴질 수도 있습니다. 그러나 엄마표 혹은 사교육표 교육과정은 체계적이고 장기적인 관점이 아니라 단기적이고 좁은 시야로 만들어진 교육과정입니다. 학습에 대한 과학적 이해와 발달과정에 대한 큰 그림이 없는 상태이기 때문이지요. 영어에 대해 1학년 때 어떤 걸 시키고 2학년 때 무얼 시킬지에 대해 체계적으로 장기 계획을 진행하는 부모가 있던가요? 대부분은 그저 당장 점수를 올리는 정도의 차원에서 상황을 바라보고 있는 실정입니다. 다른 과목들도 다 마찬가지고요.

장기적인 관점과 과학적인 체계가 없으니 목표가 불분명해지고 자꾸 불안해지는 것입니다. 전략 설계는커녕 무엇을 어디서부터 어떻게 풀어나가야 할지 아무것도 모르겠는 상태가 되지요.

해결책은 기준을 바꾸는 것입니다. 욕심과 불안 속에서 발버둥치는 엄마표 교육과정 대신 자녀의 학년과 학기에 맞춰 정교하게 펼쳐진 교육과정을 진도의 기준으로 삼는 것이지요. 국가 수준의 교육과정은 지적 산물의 축약판입니다. 아이들을 효과적으로 성장시키는 데 필요한 모든 요소들에 대해 현재까지 연구된 성과들을 총동원해서 정교하게 설계한 교육체계지요. 사교육이 부추기는 과제 대신 공교육체계의 전체 설계도를 아이 발달과정으로 삼고 그 안에서 아이의 문제를 진단해보면, 많은 해결안이 자연스럽게 도출됩니다. '영어를 잘하게 만들어 준다!'는 뜬구름 같은 목표가 아니라 '이번 학기 영어 교과 진도에 나오는 내용들을 완벽히 숙달하자!'는 정도로 손에 잡히는 만만한 목표로 바뀌는 것이지요. 국어, 논술, 수학 등 다른 과목들도 모두 마찬가지입니다. 아이가 학교에서 12년 동안 배우는 교과 과정의 진도를 충실히 따라가면 자연스럽게 전 교과를 체계적으로 익힐 수 있습니다. 부모가 모든 문제를 한꺼번에 해결해야 한다는 '걱정 쓰나미'를 감당해야 할 이유가 없지요.

로드맵 그리기❶ 시간을 두고 해결하기

구체적으로 로드맵 그리는 방법을 배워보겠습니다. 로드맵을 그릴 때는 다양한 지점에서 아이의 상황을 종합적으로 판단해보고, 충분한 시간을 들여 차근차근 해결 단계를 밟아나가는 것이 중요합니다. 핵심 지점들을 하나씩 체계적으로 점검해보면, 아이가 가진 학습문제도 해결되고 공부도 훨씬 수월해집니다. 이것을 기초로 입시와 진로까지 장기적인 안목에서 행복을 설계할 수 있지요.

로드맵 그리기

자존감

학습동기

감정조절

환경조성

학습	태도, 습관
	학습능력
	전략 과목
입시	정보 이해
	입시 전략
	준비 전략
진로	자기 이해
	직업 체험
	진로의식

혼란기	준비 · 탐색기	진입 · 연습기	안정 · 확장기	경쟁기

관계	부부
	형제
	엄마
	아빠
	선생님
	친구, 기타
환경	가정
	학교
	기타

로드맵을 그리는 틀을 예시로 보여드릴게요. 왼쪽에 있는 틀을 보면 혼란기, 준비 · 탐색기, 진입 · 연습기, 안정 · 확장기, 경쟁기 같이 단계가 시기적으로 구분되어 있습니다. 아이의 어떤 문제점을 해결하려면 이런 과정과 단계를 충분히 소화할 시간이 필요해요. 문제를 발견하자마자 시행착오를 겪는 시기를 건너뛰고 바로 해결 단계로 넘어갈 수는 없지요.

먼저 문제 상황과 직면하는 혼란스러운 시기가 있습니다. 걱정이 앞서겠지만 마음을 다스리고 적절한 대안이 무엇일지 찾아 준비해 보세요. 대안을 준비하고 탐색하는 시기를 거치는 거지요. 여기서 아이와 함께 적절한 방법을 선택하고 아이가 새로운 방식에 적응할 시간을 주세요. 이 단계에서는 많은 연습이 필요하지요. 이때 성적이 들쭉날쭉하거나 효과가 없는 듯 보여서 불안할 수 있어요. 하지만 이것은 자연스러운 과정이고 차츰 안정을 찾아나갈 거예요. 이 점을 염두에 두고 아이가 여러 방법을 시도하도록 기다려주어야 합니다. 아이가 잘 적응하면 성적도 안정되고 자신감도 회복하는 등 긍정적인 효과가 나타나지요. 이 상태가 되면 경쟁에서도 쉽게 앞서나갈 수 있습니다.

채근하거나 불안해하지 말고 아이의 속도를 존중해주기 바랍니다. 연습이 필요한 시기에 당장의 점수, 등수로 아이를 압박하면 아이의 학습 사이클을 완전히 망치게 되니까요. 아이의 현재 상태를 점검한 후, 그에 맞는 단계의 처방을 하면서 신중히 진행해나가야 진짜 승부처인 입시에서 제대로 경쟁할 수 있습니다.

로드맵 그리기❷ 다양한 문제점 파악하기

이제 로드맵 예시 틀을 보면서 아이의 학습 생태계를 꼼꼼히 살펴보세요. 로드맵 틀을 보면 학습, 입시, 관계, 환경 같은 다양한 항목들이 있습니다. 아이의 학습 태도나 습관은 어떤지, 가족, 선생님 등 주변인과의 관계는 어떤지, 진로와 관련하여 아이의 고민은 어떤 단계인지 등 넓고 깊게 봐야 학습 환경을 파악할 수 있어요.

특히 아이의 자존감과 학습동기, 감정 상태, 주변 환경에 대해서 세심한 주의가 필요합니다. 이 네 가지 지점에서 문제가 드러나는 경우가 많거든요. 로드맵을 그려볼 때 이 항목들을 고민의 출발점으로 삼으면 좋습니다. 대표적인 사례로 학습동기 문제를 '시간 속에서' 해결하는 로드맵 그리기 과정을 자세히 설명해보겠습니다.

① 학습동기

많은 아이들이 학습동기에 문제가 생겨 공부에 어려움을 겪고 있습니다. 아이가 공부를 하기 싫어하는 이유는 정말 다양한 원인들이 분석될 수 있어요. 기본적으로 자신의 흥미와의 연결 고리를 찾지 못했을 수 있고, 자신이 싫어하는 활동 방법으로 하니까 질릴 수도 있고, 아니면 선택한 교재나 강의, 프로그램 등의 난이도가 너무 어렵거나 쉬워서 문제가 생겼을 수도 있어요. 이 밖에도 부모가 너무 압박해서 스트레스를 받았다거나, 친구와 싸우고 마음이 복잡해서 공부할 마음이 안 생길 수도 있지요.

이렇게 다양한 원인들 중에 우리 아이에겐 어떤 것들이 문제가 되는지 먼저 살펴봐야하겠지요? 그걸 자세하게 검토해 보는 과정이 바로, 첫 번째 단계인 혼란기입니다. 혼란기에는 대안에 대한 조급함을 버리는 게 중요합니다. 일단 공부하기 싫어하는 현상에만 집중해서, 왜 그런 마음이 생겼는지 다각도로 살펴보며 원인을 찾아보는 게 중요해요. 학교 진도가 학원에서 한 번 배웠던 내용이라 지루하다든가, 자기 수준에 너무 어려운 교재를 붙잡고 고생하다가 지쳐버렸다든가 하는 이유가 있을 거예요. 무엇이 원인인지를 수면 위로 드러내 봐야 합니다. 파악하는 데 시간이 얼마나 걸리든 신경 쓰지 마세요. 문제의 진상이 명확하게 드러날 때까지 충분히 고민해 보시기 바랍니다.

그 다음에 준비 · 탐색기 단계로 들어갑니다. 혼란기 때 분석된 원인의 대안을 탐색해 보는 과정이에요. 이때는 일상 속에서 어렵지 않게 활용할 수 있는 자원들을 중심으로 대안을 마련해 보는 게 좋아요. 문제의 원인에 대한 명확한 해결 방안이 잡힐 때까지 아이와 함께 충분히 대화하시기 바랍니다.

대안이 정해졌으면, 그 다음엔 해결 전략을 일상 속에서 충분히 연습하는 단계가 이어져야해요. 바로, 진입 · 연습기입니다. 적절한 해결 방안을 찾았어도 실제로 연습해보면 헤매고 실수하기 마련이지요. 수많은 시행착오를 거치면서 조금씩 더 우리 가정에 맞게, 우리 아이게 맞게 방법을 바꿔보면서 자기 것으로 소화해 내야 합니다.

그리고 다음 단계로서 안정 · 확장기가 진행됩니다. 이 단계에서는 방법을 안정시켜 습관으로 자리 잡게 하고, 그 긍정적 효과를 다양한 부분들에 적용할 수 있습니다. 사실 아이의 다양한 문제들은 서로 얽혀 있어요. 그래서 하나의 근본적 문제가 해결되면 나머지

부분들도 자연스럽게 풀리는 경우가 많습니다.

이 단계를 마친 후에 마지막 단계인 경쟁기에 진입하면 됩니다. 자기 방법을 찾은 아이는 경쟁에 강할 수밖에 없습니다. 무리 없이 하고 싶은 방법으로 공부하기 때문에 공부할 의욕이 건강해지지요. 그러면 차츰 공부의 양도 늘어나고 질도 높아지게 되는 겁니다. 학습 의욕이 바닥인 상태에선 요원하던 일들이, 이 단계에 와선 가능해 집니다. 수순을 잘 지킨 성과지요.

② 자존감

아이의 자존감에 문제가 있다면, 관계에 문제가 있는지 살펴봐야 합니다. 부부 간에 교육철학이 달라서 아이가 누구 말을 신뢰하고 따라야 할지 혼란스러운 경우에도 자존감에 문제가 생길 수 있습니다. 따라서 부부 간에 교육철학을 통일하는 시도를 해볼 수 있겠지요. 하지만 합의가 잘 안 될 수도 있겠지요? 그러면 이 문제를 다른 과제 안에서 해결해볼 수도 있습니다. '진로'의 틀 속에서 생각해보면 어떨까요? 교육철학에 대해서는 합의가 되지 않았다 해도 아이가 어떠한 진로의식을 갖고 어디로 나아갈지에 대해 토의하자는 결론에는 합의할 수 있습니다. 그러면 이제 진로의식에 대한 자아 성찰부터 적성검사 등을 통해 진로 문제를 고민해보면서 이번 학기를 지내자는 시간 계획에 대한 결론까지 도달할 수 있게 됩니다.

③ 감정 조절

다음으로 감정 조절에 문제가 있는 경우입니다. 아이가 충동적인 행동을 통제하지 못하고 있는 상황을 상상해봅시다. 이런 경우는 십중팔구 관계에 문제가 있는 상황입니다. 마음의 소리가 담긴 대화를 나누다 보면 감정조절능력은 저절로 길러지게 되어 있거든요. 이런 경우에는 평소 관계가 좋지 않은 아빠나 엄마와 여행하면서 진솔한 대화를 통해 관계 개선을 시도해볼 수 있겠지요. 아이 진로를 함께 고민하면서 문제를 풀어갈 수도 있습니다. 아이가 흥미를 느끼는 부분을 찾아보고 그 분야에 대해 부모님이 함께 공부해보는 방법입니다. 예를 들어 아이가 대중음악인이 되고 싶어 한다면, 대중음악에 대해 가족이 함께 공부해보는 겁니다. 같이 공부했기 때문에 아이의 관심 사항에 대해 이야기할 부분이 생기고, 자연스럽게 대화를 이어나갈 수 있게 됩니다. 이렇게 대화를 지속하다 보면 아이가 자신의 생각과 감정을 다른 사람에게 전달하는 작업을 반복하게 되고, 자연스럽게 감정조절능력을 기를 수 있게 되는 것이지요.

④ 환경 조성

환경 조성 문제 역시 마찬가지입니다. 학급의 수업 분위기가 불량스럽다거나 교사와의 관계가 건강하지 못하다면 학교 수업 전에 해당 진도를 아이가 좋아하는 방법(인터넷 강의)으로 먼저 공부하게 한 후 학교 수업시간을 복습 차원에서 활용하는 방식을 생각해볼 수 있습니다. 또 가정환경에도 문제가 있을 수 있겠지요. 면학 분위기를 방해하는 거실 텔레비전을 안방으로 옮긴다든지, 거실을 도서관처럼 꾸며서 아이가 집에 있는 시간을 독서시간으로 정한다든지 하는 방법을 여러 가지로 생각해볼 수 있습니다.

로드맵 그리기 ③ 학교 진도를 기준으로 해결하기

이때 구체적인 계획은 학교체계에 맞추면 됩니다. '아이가 현재 고등학교 1학년 1학기인데 영어 실력에 문제가 있으니 이번 학기에는 문제점을 하나하나 수면 위로 드러내 파악하는 혼란기를 거쳐 실행 가능한 대안들을 탐색하고 연습할 준비를 갖추는 기간으로 잡고, 그 이후에 차근차근 진입 및 연습 단계를 진행시켜보자. 그리고 고등학교 3학년 1학기를 경쟁기로 잡아서 그 사이에 안정 · 확장기를 진행하도록 하자.' 이렇게 해야 일정 기간 안에 문제를 체계적으로 해결하는 희망적인 계획이 생깁니다. 무작정 점수를 올리자는 식의 밑도 끝도 없어 보이는 절망적인 부담을 짊어지지 않아도 되고요.

학교 중심으로 로드맵을 설계하지 않으면?

만약 학교를 믿지 않는다면 지금까지 살펴본 다양한 영역에 대해 각 분야의 외부 전문가 혹은 선배나 학부모를 찾아 그들에게 지속적으로 의지해야 하는 상황이 발생합니다. 외부 전문가라 하여도 전체 상황을 고려하지 못하고 장님 코끼리 만지는 수준인 경우가 많으므로 근본적 문제 해결은 힘들 수 있습니다. 또한 같은 분야에서도 교육과정과 수준에 따라 각 분야에 특화된 전문가를 찾아야 하는 어려움이 있고 동일 주제에 대해 저마다 다른 목소리를 내는 경우가 많아 누구 말을 따를지 결정하는 것도 쉽지 않을 것입니다.

또 선배나 다른 학부모는 그들의 경험을 무리하게 일반화시키는 경향이 있습니다. 자기 아이와 다른 성격, 다른 환경, 심지어 달라진 입시전형을 고려하지 못하는 경우가 많지요. 무작정 적용시켰다가 피해를 보는 일이 비일비재하게 발생하고 있어요.

이게 소위 '강남 학부모'들이 겪는 심리적 부담의 실체입니다. 방대한 정보들을 모두 섭렵하여 그중에서 자기 아이에게 맞는 것을 엄선해야 하는데, 그 일이 만만치 않은 것입니다. 특히 아이의 전반 상황을 종합적으로 고려한 게 아니라 각자 자기가 잘 아는 분야에만 집중한 결론이다 보니 엄선된 조언들을 따른다고 해도 각 주장들 사이에 충돌되는 지점이 생기기 마련입니다. '쓰나미'라는 표현이 지나치지 않은 이유입니다.

그러니 우리는 여기 제시된 통합 로드맵의 틀을 이용해 아이 스스로 문제를 해결해나갈 수 있게 해야 합니다. 공교육 중심의 해결 로드맵은 기본적으로 학교 교육과정이라는 기준이 있기 때문에 당장의 해결 과제들이 무엇인지 어렵지 않게 정리해볼 수 있고, 담임교사를 위시한 각종 공교육기관에 상담을 요청할 수도 있기 때문에 누구나 어렵지 않게 연습해나갈 수 있는 과정이라고 볼 수 있습니다.

로드맵 설계할 때 이것만큼은 꼭!

❶ 출발점을 잘 잡아야 한다

어떤 아이가 수학에 극심한 거부감을 보인다면, 입시 전략 부분에서 정보 탐색을 거쳐 수학점수를 요구하지 않는 대학을 목표로 삼는 것으로 계획 방향을 합의하며 해결과정을 시작해볼 수 있습니다. 수학을 싫어하던 아이에게는 굉장히 현실적인 희망을 주는 방안이 될 수 있겠지요?

❷ 원인과 결과를 혼동하지 않는다

어떤 친구가 굉장히 충동적인 모습을 보인다고 합시다. 타고난 기질일 수도 있으나 성장과정에서 익혔어야 할 감정 조절 연습이 부족했기 때문일 수 있지요. 아이가 소통을 시도할 때 엄마가 부적절하게 반응하거나 아예 무시해버렸던 게 원인일 수 있습니다. 그런데 이런 아이를 산만하다고 밀어붙이며 얌전히 있게만 하려는 부모가 있습니다. 원인을 분석해서 근본적으로 해결하려 하지 않고, 결과로 나타난 표면적 증상을 억제하는 방식으로 대처한다면 모두가 불행해질 수도 있습니다.

❸ 긍정적으로 해석한다

현재 상황에 대한 긍정적 해석이 해결과정에 결정적인 역할을 합니다. 사고를 치고 다니던 아이에 대해서도 여태 충분히 세상을 직접 경험했으니 이제부터는 자신의 에너지를 스스로에게 집중시킬 준비가 됐다고 해석할 수 있습니다. 이런 해석이 실제 맞는 말이고, 이런 해석 덕분에 향후 해결과정에 상당한 건설적 에너지가 생긴다는 사실을 알아야 할 것입니다.

❹ 원인 치료에 성공하면 많은 문제가 해결된다

보통은 아이에게 닥친 모든 문제적 증상들을 동시에 해결하려다 보니 어느 하나 해결될 기미가 보이지 않았습니다. 근본적으로 해결할 생각을 하지 못한 것이지요. 하지만 복잡해 보이는 증상들도 하나하나 풀어나가다 보면 다른 문제 또한 대부분 자연스럽게 해결됩니다.

자기 갈 길 가는 아이들

로드맵을 잘 설계해서 성공한 사례를 소개합니다. 대중매체에도 공개된 적이 있는데, 중학교 3학년 때 과학고 입학을 마음먹은 학생이 있어요. 보통 중학교 3학년 때 특목고 입시 준비를 시작하면 크게 승산이 없다고 생각합니다. 하지만 이 학생은 성공했습니다. 비결이 뭘까요? 출발점을 잘 잡은 겁니다. 이 학생은 스스로 기초가 부족하다고 진단하여 초등학교 6학년 과정부터 수학을 다시 공부했습니다.

보통 중학교 3학년의 특목고 입시 준비는 초등학교 교과서로 시작하지 않습니다. 특히 3학년부터 시작했다고 하면 무엇이든 단기간에 압축적으로 배워야 한다고 생각하는 게 보통입니다. 하지만 이 학생이 그렇게 했다면 성공하지 못했을 것입니다. 대신 상황의 압력에 굴복하지 않고 자신의 문제를 시간 속에서 넓게 펼쳐 문제의 진정한 해결을 위한 장기적 계획을 체계적으로 설계한 것이지요. 자신에게 맞춰 조절한 계획인 만큼 마지막까지 자기 페이스를 잃지 않을 수 있었겠지요.

순서를 지키면 경쟁은 어렵지 않다

자기 개성에 맞춰 기본기를 탄탄하게 다진 후에 입시 적응기를 거쳐 경쟁시기에 도약한다면, 좋은 결과는 보장되어 있습니다.

대치동 영어학원에서 iBT 토플 110점을 공략하는 방법에 대해 설명할 때 하는 말이 있습니다. 이쪽에도 당연히 기존의 '대치동 공식'이란 게 있지요. 조기유학을 2년 이상 보내고 영어 유창성만으로 80점 정도의 점수가 나오면 그때부터 학원에 보내 기술을 익히게 한다는 계획입니다.

그런데 학원에 가서 아이들이 실제로 어떤 활동을 할까요? 매일 문제 분석하고 해설만 들어요. 그럼 자기가 스스로 읽고 이해하는 훈련에 임하는 시간이 얼마나 될까요? 물론 자기가 영어로 의사소통하는 유창성 자체가 높으면 그 연습들을 무난히 받아들일 수 있겠지요. 하지만 기본적인 유창성이 부족한 상태에서는 문제 풀이 기술을 익혀봤자 별 효과가 없어요.

그래서 저는 다른 방향을 안내합니다. 주어진 기간이 1년이라 해도 최소한 10개월 동안은 아이가 관심 있는 주제에 관한 재미있는 영어 책을 스스로 골라 읽게 하여 영어와 친해지게 도와줍니다. 그리고 마지막 2개월 동안의 '경쟁기'에 입시 대비 기술을 집중적으로 연습하면 최후의 경쟁에서 월등히 앞서나갈 수 있습니다. 축구선수에 비유하자면 즐거운 놀이훈련을 통해 기본적인 체력훈련과 달리기 연습을 하는 것입니다. 그리고 마지막 몇 달 동안 기술적인 부분들을 훈련하는 것이지요. 히딩크가 우리나라 축구 국가대표 팀의 감독으로 왔을 때도 기본 체력훈련에 대부분의 자원을 집중시켜 화제가 됐었죠. 그해 우리는 월드컵 4강 신화를 이뤄냈습니다.

이제부터라도 방향을 바꿔야 합니다. 아이가 자기 개성에 맞는 대안을 탐색하고 연습해서 자기 페이스를 구축하는 데까지 나아간다면, 그 이후에는 부드럽게 결승선까지 도달할 수 있습니다.

[로드맵 설계 핵심 정리]

1. 세부 항목을 통해 문제의 근본적인 원인을 정확하게 진단한다.
2. 진단된 문제에 대한 해결과정을 일정한 시간의 범위 안에서 설계한다.
3. 해결과정 안에서 활용 가능한 자원과 활용 방안을 정리한다.

관심지도 그리기

우리는 지금 학업문제와 입시·진로문제를 통합적으로 해결하는 로드맵을 설계하고 있습니다. 그런데 막상 아이의 관심사가 무엇인지, 이것과 학습을 어떻게 연계할 수 있을지, 진로와는 또 어떻게 연계될지를 생각하면 막막하기 그지없습니다. 지금부터 함께 아이의 '관심지도'를 그려보면 막막했던 상황이 조금씩 해결될 겁니다.

먼저 아이의 관심사를 정리해봐야겠지요. 무작정 찾으려고 보면 막막할 수 있지만, 다음의 과정을 따라가면서 함께 고민해보면 어렵지 않게 찾을 수 있을 것입니다.

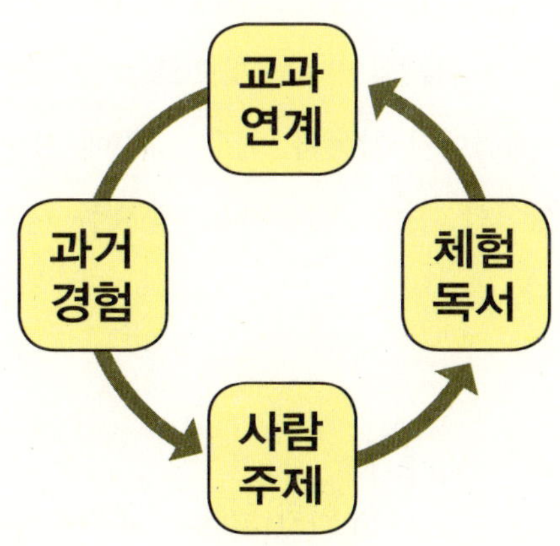

❶ 과거 경험

아이가 과거 거쳐온 경험들을 살펴봅니다. 앨범을 뒤져봐도 좋고, 아이가 스스로의 호기심과 흥미로 어떤 것을 원했고 시도했는지 면밀히 조사해보세요. 여태 보지 못했던 아이의 순수한 관심이 과거의 흔적 속에 묻어 있을 수 있습니다.

❷ 사람, 주제

그리고 그 속에서 어떤 사람, 어떤 주제에 대해 관심을 가졌는지 정리해보세요. 위인이 아니어도 상관없고 교과적인 주제가 아니어도 상관없어요. 어른의 관점에서 섣불리 검열하지 말고 아이가 스스로 원하는 게 무엇인지 찾아내는 게 중요합니다.

❸ 체험, 독서

집중할 주제나 사람을 찾고 나면 더 자세히 알아볼 수 있는 체험이나 책을 마음껏 즐기도록 안내할 수 있어요. 물론 이 과정도 아이 스스로의 흥미와 호기심을 자연스럽게 따라가는 것이 가장 좋겠지요. 아이들이 책 자체를 싫어하는 것으로 오해하면 곤란합니다. 자기가 좋아하는 게임이나 자동차, 배우, 사건에 관한 흥미로운 내용이 담긴 책을 싫어할 아이가 있을까요? 중요한 건 내용이지 매체의 형식이 아닙니다.

❹ 교과 연계

위 과정까지 왔다면 이제 이와 연계된 교과를 확인할 수 있습니다. 굳이 과목으로 딱 떨어지지 않더라도 각 교과에서 중요하게 전달하고자 하는 사고방식, 문제 해결 전략에 필요한 사고 단계 등과 연계된다는 것을 확인할 수 있습니다.

호기심과 관심으로 공부를 이끌어간다는 것은 어떤 원리일까요? 어떤 주제, 사람, 사건 등에 흥미가 있다는 것은 이미 그것에 대한 정보가 어느 정도 두뇌 속에 저장되어 있는 것입니다. 그 정보를 받아들이는 과정에서 굉장히 긍정적인 감각, 감정을 느꼈던 기억이 남아 있는 상태라고 할 수 있지요. 그런데 이 정보는 아직 완성되지 않은 상태라서 자연히 그 부족분에 대해 확보하려는 욕구가 생길 테지요. 그게 바로 흥미입니다.

좋다는 책을 집에 산더미처럼 쌓아놓는 것은 별 의미가 없어요. 오직 아이가 어떤 정보에 흥미를 갖고 있는지가 중요합니다. 그래서 첫 단계로 과거 경험을 탐색하는 작업이 배정된 것이지요. 아이와 함께 과거 기록을 펼쳐놓고 "이 시절에는 이 물건에 관심을 보였구나. 이땐 이런 사람한테 관심을 보였구나." 하고 말할 수 있는 것을 찾아보세요. 거기서부터 '자기 마음대로 하는 진짜 공부'가 시작됩니다.

흥미를 찾고 나면 관련된 추가 정보들은 얼마든지 찾아낼 수 있습니다. 그렇게 관심 주제에 푹 빠지도록 도와주기만 하면 이제 나머지는 아이가 이끌어나갈 수 있다는 얘기입니다. 특히 학습에 흥미를 잃은 아이라면 더더욱 중요한 여정입니다. 결국 공부는 '내 맘대로' 하는 겁니다.

계획도 마음대로 세우기

보통 로드맵을 그리며 학습계획을 세운다고 하면 '학습계획표'부터 만들려고 하는 분들이 있습니다. 'OO 플래너'같이 사교육시장의 자기주도학습 프로그램에서 권하는 콘텐츠도 많이 나와 있지요. 상담 선생님들과 열심히 작성한 계획표가 마치 아이의 학습을 구원해 줄 것이라고 생각하는 경우가 많습니다.

하지만 여기서는 '계획하기' 부분을 강조하지 않습니다. 특히 구체적인 부분을 세부적으로 정하는 데 있어 일반적인 원칙 이상의 정보를 강조하지 않지요. 왜냐하면 각자의 개성과 현실적 조건들이 다를뿐더러 그마저 시시각각 변할 수 있기 때문입니다. 실제로 수많은 학생들을 직간접적으로 관찰해본 결과, 계획표를 중심으로 한 생활에 잘 적응하는 아이는 10% 정도밖에 되지 않았습니다. 자기 개성에 맞지 않는 형식에 구속되면 이름만 '자기주도학습 계획표'일 뿐 결국에는 이것 또한 구속일 수밖에 없겠지요? 그리고 흥미만 건강하다면 세부 계획은 크게 중요하지 않아요.

기본적으로 학교 진도에 맞춰 수업 중심으로 공부하면 구체적인 세부 계획은 심지어 없어도 무방합니다. 그날 수업에 대한 즐거운 이해와 이에 대한 심화와 확장이면 되니까요. 교과내용만으로 끝내는 것이 아니라 그 속에서 만나는 다양한 사건, 인물에 대한 독서 등 확장된 학습이 진행되면 됩니다. 그럴 때 아이는 공부에 대한 흥미는 물론 결국에는 득점력에 있어서도 두각을 나타낼 수 있는 학생이 되어갈 것입니다.

계획은 스스로의 조건에 맞춰 알아서 짜도록 하세요. 어떤 형식이든 자기한테 잘 맞는 계획이면 되고 심지어 계획 없이 그때그때 하고 싶은 대로 진행해도 좋습니다.

이제, 부모로서 살겠습니다

중 2 아들이 자기에게는 꿈이 없다고 얘기하던 것이 생각납니다. 아들에게 남편은 의사가 되면 좋겠다, 판사가 되면 좋겠다고 하면서 세상의 잘나가는 직업을 가지면 좋겠다고 자주 얘기하지만 아들 녀석은 콧방귀를 뀝니다. 자기는 꿈이 없대요.

아이가 세상을 제대로 탐색할 수 있도록 도와주지 못한 것이 이때 너무나 후회가 되더군요. 그래도 아직은 기회가 있고 변화의 가능성이 남아 있기에 진로에 대해 이야기하며 소통하고자 합니다. 어디서부터 다시 시작해야 하나 솔직히 조금은 막막하지만 학습-입시-진로의 통합 로드맵을 아이와 함께 세워가는 것이 중요하다고 하니 내가 먼저 아이에게 진정한 모습으로 다가가 소통을 위한 노력을 시작해야겠다고 결심해봅니다.

관심지도를 그리고 공부방법을 찾고 환경을 정리하고 계획하고 실천하면서 실험하고 연습하다 보면 결정적 순간이 빨리 다가오게 되리라 믿어보네요. 아직 너무 부족한 부모라서 참 힘들지만 할 수 있는 것부터 하나씩 시작하려고 합니다. 스스로 해결하리라는 희망을 버리지 않고 한번 해보려 합니다. 아자아자!

– 희망나무 님

이야기 대화법

현재 우리나라에서 자녀와 부모 사이는 '노동자-감독관', '죄수-간수'의 관계로 변해버렸습니다. 학습-입시-진로 통합 로드맵을 설계할 때 가장 중요한 기반이 되는 항목은 바로 부모와 아이의 관계입니다. 관계가 좋으면 어떤 악조건 속에서도 충분히 기회를 잡아 극복해나갈 여지가 있는데, 관계가 나쁘면 아무리 좋은 환경에서도 문제적 상황이 발생할 수밖에 없습니다. 자녀와 좋은 관계를 유지하면서 관심사와 진로에 관해 깊은 이야기를 나누며 방향을 잡아가는 것이 중요합니다. 그러나 자녀와 무조건 이야기만 많이 한다고 좋은 것은 결코 아닙니다. 자녀가 이것을 간섭과 잔소리로 받아들이면 아무 효과가 없어요. 그래서 아이와 같은 눈높이로 이야기를 나눌 수 있는 '이야기 대화법'을 소개합니다.

이야기 대화법은 핀란드에서 개발된 방법이에요. 핀란드는 학습능력이 탁월한 사회입니다. 새롭게 배운 지혜들을 금방 전국적으로 확산시켜서 개선을 이뤄내지요. 이 방법 역시 핀란드 사회를 발전시키는 데 큰 공헌을 한 기술로 핀란드에 가면 어디서든지 이 대화법을 실천하고 있는 모습을 볼 수 있다고 합니다.

이야기 대화법은 아주 단순 명료합니다. 먼저 아이의 말을 그대로 받아 적습니다. 그리고 받아 적은 내용을 아이에게 읽어주면서 이 내용이 전하고자 하는 이야기가 맞는지 물어봅니다. 이 과정에서 아이가 실수했거나 부모가 잘못 받아 적은 부분이 있다면 정확한 내용으로 고칩니다.

이 속에는 아이에 대한 존중의 태도, 부모의 섣부른 감정 개입을 원천적으로 차단하는 장치 등 다양한 기법들이 녹아 있습니다. 생각해보세요. 자신의 말을 부모가 그대로 받아 적고 있다면 아이가 과연 말을 함부로 할 수 있을까요? 그렇지 않겠지요. 아이 스스로 자기 조절을 할 수밖에 없는 분위기가 되는 겁니다. 부모의 역할 또한 아이의 말을 받아 적고, 읽어주고, 정확하게 고쳐주는 것으로 명확하게 설정되어 있습니다. 부모의 잔소리가 섣불리 개입될 여지가 사라지겠지요. 이러한 과정을 통해 약자인 아이가 강자인 부모에게 하고 싶은 이야기를 충분히 할 수 있으니 민주적 의사소통의 긍정적 효과 또한 기대해볼 수 있을 겁니다.

7강

내 아이에 맞는 공부 전략

"우리는 모두 부모이자, 동시에 학부모입니다. 행복과 성적도 양자택일의 문제가 아니에요. 이제는 부모이자 학부모로서, 행복을 통해 승리를 이끌어내는 제3의 길로 나아갑시다!"

결론

새로운 사고방식을 입자

그동안 힘드셨지요?

진이는 그동안 부모님의 지지와 격려 속에서 학교공부를 중심으로 학업을 이끌어왔다. 하지만 주변을 둘러보면 나 혼자 이상한 길을 가고 있는 것 같아 늘 불안하다. 친구들은 학원에서 내신 전 과목 수업을 받는다는데 나만 관리형 사교육의 덕을 보지 못하는 것 같다. 전교 1등이 푸는 문제집을 사볼까 망설여지는 것도 사실이다. 그래도 집에서 엄마, 아빠가 나를 잘 이해해주고 지원해주니까 크게 걱정은 안 하지만 아직은 뭔가 애써 유혹을 참고 지낸다는 느낌이 강하다. 확신에 차서 긍정적인 에너지로 달려나갈 수 있으면 좋으련만.

주변의 공부 잘하는 친구들은 혼자 공부하는 나를 이상한 애 취급하기도 한다. 내가 지금보다 성적이 조금만 덜 나왔어도 완전히 바보 취급 당했을 것이다. 자기주도학습이라는 게 원래 이런 건가? 제대로 가고 있는 것 같은데 왜 확신이 안 드는 걸까? 여전히 불안하다.

하지만
이번 장을
읽고 나면!

★ 문제점을 걱정만 하고 있는 게 아니라 해결방법을 찾아나가게 됩니다.

★ 즐거운 상상과 이야기의 힘을 통해 의욕적으로 변화를 만들어낼 수 있게 됩니다.

★ 다양한 스몰액션으로 계속 도전하며 점차 새로운 방식에 적응하게 됩니다.

문제 중심 사고 vs 해결 중심 사고

한국을 좀먹고 있는 사고방식 중 하나가 문제 중심적 사고방식입니다. 무엇이 문제인지에 주목해서 이에 대한 근본적 해결을 목표로 철저히 '관리'해야 된다는 사고방식이지요. 학부모들이 자기 아이에 대해 이렇게 말하는 모습을 종종 봅니다. "도대체 이 꼴통은 왜 이 모양이지? 근본부터 고치려면 스스로가 의지를 빡세게 다져야 하는데 말이야." 이런 말이 철저하게 문제 중심적 사고방식에 입각한 표현이에요. 아이 때문에 못 살겠다는 말을 입버릇처럼 달고 사는 부모라면 거의 다 여기에 포함됩니다. 잘못을 들추어 지적하고, 호통을 쳐서 잘하겠다는 다짐을 받아내고, 얼마나 잘하는지 눈 크게 뜨고 지켜보는 방식이지요.

이런 방식에도 긍정적 측면이 없는 것은 아니지만 지금 한국의 자녀교육 문화 안에서는 분명 건강하지 못한 방식으로 작용하고 있습니다. 일단 우리 아이를 건강한 개성과 인격을 갖춘 인간으로 대우하는 게 아니라 약하고 어리석은 관리의 대상으로 보기 때문이지요. 걸핏하면 자기에 대해 샅샅이 조사하고 따져대는 엄마, 아빠를 둔 아이가 과연 가정을 회복의 공간으로 생각할까요? 학교보다 더 지독한 감옥이라고 생각하지 않을까요? 이런 분위기 안에서 과연 공감과 협력이 가능할까요?

그래서 이제부터는 해결 중심적 사고방식에 적응할 필요가 있습니다. 해결 중심적 사고는 문제 중심적 사고와 달리 사람의 자질 문제에 주목하지 않아요. 대신 이 사람이 가진 방식의 문제를 고민합니다. 이 아이가 얼마나 심각한 문제를 안고 있는 아이인지 규명하는 데 시간을 낭비하지 않습니다. 상처를 파고드는 대신 방식을 개선하는 데 주목하지요. 기본적으로 아이의 잠재력을 믿어주고, 적절한 방식을 찾아 아이가 다시 적응하면 분명 건강하게 발전할 수 있다고 생각하는 건설적인 사고방식입니다.

문제 중심 사고	vs	해결 중심 사고
무엇이 문제인가?	목적	무엇을 바라는가?
부정적 시각	시각	잠재력 신뢰
비정상이라는 전제	전제	개선을 위한 출발
과거 지향적	지향	미래 지향적
심각한 문제에 주목	초점	건강한 부분에 주목
개인의 의지	방법	사회적 상호작용
결과 중심	중점	과정 중심
근본적 해결	목표	작은 변화
감시와 통제	관리	지지와 격려
의무감, 부담감	느낌	가볍게 시도
포기와 좌절	결과	늘 새로운 도전

해결 중심 사고에서 가장 중요한 것은 아이에 대한 존중입니다. 아이의 개성과 인격을 최대한 존중하면서 작은 도전을 지지하지요. 그리고 이를 성취해나가는 과정을 격려해주는 방식입니다. 예를 들어 태권도를 정말 좋아하는 아이가 있습니다. 그러면 우선 태권도에 열심인 모습 자체를 칭찬하고 더 발전시킬 수 있도록 격려하는 게 기본입니다. 그리고 태권도 속에 담겨 있는 무도의 정신 혹은 그 정신의 기원이 되는 문화, 그 문화가 나온 역사적 배경 등 아이의 관심 분야를 조금씩 넓혀가며 함께 탐구하는 겁니다. 이런 과정에서 얻은 새로운 생각과 방법으로 아이는 여러 방면에서 공부를 지속할 수 있을 것입니다.

아이가 좋아하는 주제가 무엇이든 거기서 뻗어나갈 수 있는 교육적 주제들은 얼마든지 있습니다. 아이가 스스로 호기심을 이어나가는 과정을 곁에서 지지하고 함께 고민하며 아이가 보이는 작은 진전 하나하나를 진심으로 축하해준다면 아이는 자기가 좋아하는 주제를 통해 세상을 탐구하는 일련의 과정을 좋아하지 않을 리 없지요.

이제 우리 아이를 어떻게 대해야 할지 전략 설정이 되나요? 아이를 무시하고 깔보면서 잔소리하고 지적하니까 말을 안 듣는 것이지 자기를 존중해주며 자기가 하고 싶어 하는 것들을 같이 좋아해주고 더 잘 알 수 있도록 도와주는 사람의 말에는 큰 거부감 없이 따르는 게 보통의 아이들입니다. 특히나 자기주도학습을 배워나가는데 있어 아이 스스로 존중받는다는 느낌을 받지 못하면 과연 그 과정이 순조롭게 진행될 수 있을까요?

오늘부터 우리 아이는 어딘가 고쳐야 할 아이가 아니라 원대한 꿈을 품은 아이입니다. 이렇게 시각을 바꾸고 접근 방식을 바꾸면 아이는 더 이상 골칫덩이가 아니라 희망의 꿈나무가 됩니다.

여러분도 마찬가지

부모 역할에 대해서도 해결 중심의 사고방식으로 생각해보아야 합니다. 문제 중심의 사고방식에 익숙하기 때문에 자꾸만 내 정성과 자질이 부족해서 아이를 망친 것처럼 생각하기 쉽거든요. 특히 부모교육에 관심 많은 분들이 죄책감과 자괴감에 빠지기 쉽지요. 부모교육 관련 내용을 많이 듣다 보면 아무래도 자기 문제점을 민감하게 느끼기 시작하거든요. 자기가 정말 못난 부모, 악덕 관리자라도 된 것처럼 생각될 수 있습니다. 하지만 그런 생각 또한 문제 중심 사고방식에 갇혀 있는 것이에요. 이제는 여러분 자신의 문제 또한 해결 중심 사고방식으로 재조명해볼 필요가 있습니다. 그동안 실책이 많았던 것은 우리가 모자라거나 나쁜 사람이어서가 아니라 오염된 환경 속에서 오염된 방식에 적응해왔기 때문이에요. 이제 사고방식을 바꾸고 새로운 방식으로 자녀교육에 임하면 아이를 건강하고 행복하고 탁월하게 키워낼 수 있습니다. 그리고 그 과정 중에 부모 또한 안정과 기쁨을 회복할 수 있겠지요.

해석이 곧 현실이다

아이가 똑같은 상황에 있어도 문제 중심의 사고방식으로 보면 심각한 문제를 가지고 있는 것으로, 해결 중심의 사고방식으로 보면 다양한 방식을 시도해볼 기회를 가진 것으로 다르게 해석될 것입니다. 이렇게 같은 현상도 다른 각도에서 다른 방식으로 바라보는 순간 해석이 달라지지요. 그리고 이 해석이 곧 그 사람의 현실 자체를 바꾸어놓습니다. 부모가 아이를 잠재력 높은 꿈나무로 바라보면 부모에게는 그 아이가 실제 꿈나무로 존재합니다. 아이도 마찬가지로, 부모가 자신을 훌륭히 성장할 아이로 바라보면 부모 앞에 훌륭하게 자랄 재목으로 존재하게 됩니다.

우리가 세상을 해석하는 방식은 우리의 현실 세계 자체를 조정하는 강력한 힘입니다. 그러니 우리는 세상 중심이 아닌 자기 중심으로 우리를 둘러싼 조건을 다시 해석해볼 필요가 있어요. 객관적이라는 통계적 확률보다 중요한 것이 스스로가 믿는 주관적 확률이라지요.

암 말기 환자가 있습니다. 이 사람이 살아날 가망성은 통계적으로 5%라고 합니다. 하지만 이 환자가 자기 자신을 '죽게 될 95%의 환자'가 아니라 '살아남는 5%의 환자'라고 확신한다면 그 사람의 주관적 생존 확률은 100% 아닌가요? 그리고 그 현실 인식이 스스로의 삶을 지배하는 힘으로 작용하게 됩니다. 실제 이런 사고방식으로 암 4기를 극복한 사례가 있습니다. 우리 두뇌는 우리가 믿는 것을 실제 현실로 받아들이니까요.

내 아이의 긍정적 재해석

이렇게 상황을 긍정적으로 해석하는 힘을 길러두어야 문제를 건설적인 방향에서 대하게 됩니다. 그러면 해결에도 한층 가까워지지요. 사안이 갖고 있는 객관적인 실체가 어떻든 정작 중요한 것은 당사자가 느끼는 주관적인 해석입니다. 넘어진다는 것을 일어서는 법을 배우는 훈련이라고 해석하면 넘어지는 것 자체에 좌절하는 사람보다 훨씬 건설적인 미래를 그려나갈 수 있으니까요. 우리에게 중요한 건 앞으로의 삶이지 지나간 과거에 대한 객관적 정보가 아닙니다.

이런 관점으로 아이를 관찰해보면 어떨까요? 아이가 요새 한참 '지랄을 떨고' 있다 해봅시다. 옛날 같으면 분통 터지는 일이지요. 버럭 소리를 질렀을지도 모릅니다. 하지만 방황하고 혼란스러운 이 시간들이 결국 아이를 큰 인재로 만드는 밑거름이라고 해석하면 어떨까요? 부모가 감당해줄 힘이 있을 때 미리 방황하면서 삶의 방식과 가치관, 방향성을 충분히 겪어보는 것이 아이를 성숙하게 만들 밑천이 된다는 것은 분명하겠지요? 이런 관점에서 아이를 보면 전에 느끼던 분노와 원망은 사라지고 건설적인 마음으로 아이를 대면할 수 있을 겁니다.

방금의 사례가 혹시 억지스럽나요? 사실 부모가 자녀를 키우면서 경험하게 되는 상황에는 모두 건설적이고 희망적인 전망으로 이어갈 수 있는 해석의 여지가 있어요. 그런데도 우리는 지금까지 문제가 되는 지점, 아프고 어려운 부분에만 주목해서 불안해하고 답답해하며 화를 낸 것이지요. 이제부터는 아이가 훌륭하게 자라나는 과정에 있다는 생각으로 모든 상황을 해석해보도록 합시다. 머지않아 다른 세계가 현실이 되어 눈앞에 펼쳐질 겁니다.

'해결 중심 이야기' 만들기

해결 중심 사고를 실천하는 방법을 하나 소개하겠습니다. 기대하는 바를 이미지로 만들고 이 이미지를 다시 이야기로, 이어서 스몰 액션으로 만들어나가는 방법입니다. 이 방식을 익혀두고 자주 이용하다 보면 아이를 새로운 관점으로 해석하게 되고 이를 통해 건설적 상상을 품고 행복한 미래를 향해 나아갈 수 있을 겁니다.

다음 상담 편지에 드러난 상황을 예로 들어 해결중심 이야기 만들기를 익혀보겠습니다.

'초등학교 3학년 아이를 두었습니다. 하교 후 한 시간 동안 합기도를 배운 후 그곳에서 한 시간 더 놀다 집에 옵니다. 다른 사교육은 받은 적이 없고요. 아이는 최근 1년 정도 만화책에 푹 빠져 삽니다. 학습만화도 읽고, 게임 캐릭터가 나오는 만화 마니아입니다.

상담하고 싶은 내용은 이렇습니다. 아이가 낮에는 엄마가 집에 없는 시간을 수시로 확인하고, 저녁때가 되면 아빠가 돌아올 시간을 계속 전화로 확인합니다. 아빠를 기다리는 게 아니라 스마트폰을 기다리는 거예요. 스마트폰이 언제 오는지 안달을 합니다. 아빠가 늦어지면 마구 짜증을 내지요. 어떤 날은 자다 일어나 소변을 보고는 스마트폰을 하고 있더라고요. 손님이 오면 스마트폰을 충전시켜 주겠다고 가져가서 또 스마트폰을 들여다봅니다. 친구들 스마트폰도 수시로 사용하는 것 같고, 중독 상태가 심각한 수준입니다. 며칠 전과 오늘은 아이가 표정이 이상하더라고요. 멍하고 핏기 없는 얼굴. 아이를 잃어버린 것 같은 기분입니다. 스마트폰 중독, 정말 어떻게 할까요?'

우선 상황을 분석해보지요. 일단 아이를 원망하는 태도가 눈에 띄네요. 대한민국에는 아이들이 자라나는 데 유해한 요소가 무수히 많이 있어요. 그 속에서 고생하고 있는 아이를 보지 못하고 아이가 잘못됐다고 여기며 원망하는 모습이 보입니다. 이 시각부터 고쳐야 하겠지요. 아이를 어떻게 하면 도와줄 수 있을지 고민하는 태도로 고쳐야 합니다.

두 번째로는 스마트폰을 대체할 건강한 취미가 없다는 생각이 듭니다. 자기가 발전시켜볼 흥미 있는 주제를 발견하지 못한 상태라고 볼 수도 있겠지요? 이 가족은 다 함께 모이면 어떤 활동을 할까요? 혹시 별 대화도 없이 텔레비전만 보거나 각자 따로 자기 할 일에만 집중하는 건 아닐까요? 아이가 스마트폰에 의지하는 데는 다 이유가 있습니다. 이를 진단해보려는 노력도 필요해 보입니다.

앞에서 말한 것처럼 이야기의 어머니 또한 문제 중심 사고방식에 갇혀 아이를 진단하고 있어요. 해결 중심 이야기 만들기를 이용해서 새로운 길을 제시해봅시다.

❶ 소망을 이미지로!

: "우리 아이는 머지않아 가족들과 화목하게 소통하고, 자신만의 건강한 취미에 집중하면서 자연스럽게 학업 및 인성 능력을 기르게 될 거야!" 최대한 구체적으로 상상해서, 현실감이 느껴질 수 있도록 하는 게 좋습니다.

❷ 이미지를 이야기로!

① 사람과 문제를 분리시켜라

: "우리 아이는 아직 자신의 열정을 집중할 만한 취미를 찾지 못했어." 사람 자체를 문제 삼으면 안 된다고 말씀드렸지요? 아이는 지금 문제 상황에 빠져 있을 뿐 원인만 잘 찾아서 고쳐주면 얼마든지 건강하게 돌아올 수 있습니다.

② 상황을 긍정적으로 재해석해라

: "이 위기는 재밌게 집중할 수 있는 건강한 취미를 찾기 위한 기회가 될 거야." 넘어져야만 배울 수 있는 지점들이 있지요. 사실은 아이가 스마트폰에 중독된 상태가 손해만 보는 상황은 아니랍니다. 그 속에서 아이가 중독에 대해서도 경험해볼 수 있고, 여기서 빠져나오는 경험을 통해 위기 대처 능력을 기를 수 있는 기회가 되기도 하지요. 이런 측면에 대해 부모가 먼저 분명하게 인식하는 단계입니다.

③ 소망, 사람, 긍정적 해석을 하나의 이야기로 연결해라

: "우리 아이가 호기심을 느끼는 분야를 잘 찾으면 거기에 집중하면서 능력도 기르고 자연스럽게 중독에도 강한 아이가 될 거야." 새로운 상황 인식과 해결 방안을 하나의 이야기로 엮어내는 단계입니다. 좋은 통찰이 있어도 이들이 하나의 이야기로 엮이지 않으면 자기 안에서 진정한 힘을 발휘할 수 없기 때문이지요.

④ 희망적인 결과를 언어로 표현해라

: "우리 아이는 그동안 특별한 흥미도 찾지 못한 상태로 유해환경에 노출돼서 스마트폰에 중독까지 됐지만, 이제부터는 흥미를 열정적으로 쏟을 분야를 찾아 거기에 집중하게 되면서 결국 건강한 공부 습관을 정착시킨 탁월한 아이가 될 거야!" 이 단계는 이야기로 엮어낸 미래상을 자신의 언어로 표현해보고, 이를 계속 떠올리며 즐거운 에너지를 얻는 단계입니다.

❸ 이야기를 스몰액션으로!

① 당사자 모두 흔쾌히 동의하는 것을 찾아라

: "우선 스마트폰 게임으로도 나와 있는 보드 게임을 가족끼리 즐겨볼까? 서로 대화를 주고받으면서 게임하는 게 더 즐거울 거야." 아이에게 무리하게 스마트폰을 빼앗으면 역효과만 나지요. 그보다 아이의 관심사로 접근해서 자연스럽게 다시 가족이라는 관계 안으로 들어오도록 유도하는 편이 좋습니다.

② 아이의 장점, 강점을 최대한 찾아 활용해라

: "너는 사교적 지능이 뛰어나니까 가족, 친구들과 함께하는 활동을 중심으로 다양한 분야를 탐구해보는 게 좋겠다." 스몰액션을 설계할 때는 아이가 가장 편안하고 자신감 있게 적응할 수 있는 방향과 형식을 고려해보는 것이 중요합니다. 해결과정의 첫 단계를 가족이 다 같이 스마트폰 게임을 하면서 소통하는 것으로 만만하게 시작했듯이, 이후 과정 역시 아이가 버겁지 않게 즐길 수 있는 쪽으로 탐구 방향을 합의하면 됩니다.

③ 자원을 최대한 활용하라

: "마침 합기도를 같이 다니는 친구들이랑 매일 같이 놀 수 있으니까, 그 친구들이랑 함께 놀면서 흥미로운 활동들을 탐색해보자." 아이에게 적합한 방향

이 정해지면 가정에서 손쉽게 준비할 수 있는 방법을 시도하세요. 준비하기 어려운 과정들을 무리하게 시도하다 보면 진행과정이 더뎌지거나 흐지부지 될 수 있기 때문이지요.

④ 작은 성공 경험을 다시 이야기로 만들어라

: "친구들이랑 같이 놀고 가족들이랑 함께 게임을 즐기면서 흥미로운 활동들을 찾아보니까 즐겁지? 이런 식으로 네 탁월한 사교성을 활용해서 다양한 활동들을 탐구하다 보면 네게 꼭 맞는 분야, 방법 등을 찾아서 집중할 수 있을 거야." 이 과정은 성취감을 극대화하고 희망적 상상으로 의욕을 고취시키기 위해 반드시 필요한 단계입니다. 보통 아버지가 아들과 높은 산의 정상에 오르고 나면 으레 나올 만한 훈화 말씀들이 여기에 해당된다고 볼 수 있어요. 성취 자체를 확인하고, 축하하고, 이 과정이 갖는 건설적 의미를 명확하게 확인해주면 아이가 쉽게 몰입할 수 있습니다.

❹ 초기 시행착오 뛰어넘기!

① 모든 일에는 연습이 필요하다

: 적합한 방법이라도 숙달이 되기까지는 어색하기 마련이니, 어떤 방법을 시도해보든 일정 기간 동안은 꾸준히 연습해봐야 자기에게 잘 맞는지 확인할 수 있어요. 자기주도학습에 있어선 시행착오와 연습이 필수입니다.

② 상상이 의지보다 강하다

: 억지로 의지를 끌어모으려 하지 말고, 희망적인 상상에서 나오는 힘에 의지하세요. 두뇌는 기분 좋은 이야기를 상상하는 것만으로도 의욕적인 마음 상태를 만들어냅니다. 중간중간 자꾸 기분 좋은 상상을 말로 표현해보고 곱씹어 볼 것을 권하는 것 또한 같은 이유에서지요.

③ 반추지능을 활용하라

: 하루 10분 정도 아이와 함께 그날 시도하고 연습했던 일들에 대해 하나하나 짚어보면서 돌이켜보세요. 하나하나 검토하다 보면 그 속에서 분명히 개선할 지점들을 자연스럽게 정리할 수 있게 됩니다. 새로 설계한 스몰액션들이 부모님에게, 아이에게 얼마나 적합할지는 실제 진행과정을 거쳐보지 않고는 정확히 확인할 수 없습니다. 실제 활동을 해보고, 그 과정들을 떠올려보면서 어느 부분을 어떻게 교정해야 할지 점검해보기 바랍니다.

④ 잘 안 되는 것이 아니다!

: 두뇌는 미세한 변화를 감지하지 못합니다. 어떠한 변화라도 초기에는 이렇다 할 변화가 느껴지지 않아요. 몇 번 시도해보는 과정에서는 변화가 보이지 않아 불안할 수 있습니다. 하지만 그 순간에도 두뇌는 조금씩 발전하고 있다는 것을 명심하세요. 또한 확인 가능한 변화과정을 일부러 세심히 구분해서 말로 표현해보는 것도 좋아요. 이러한 과정을 통해 성취감을 높일 수 있고, 해결과정 진행에도 큰 힘이 됩니다.

이상이 현실화되는 과정

새로운 사고방식을 자연스럽게 사용할 수 있기까지는 앞으로 수많은 시행착오와 연습이 필요할 겁니다. 우리 두뇌에는 일상적으로 반복된 기억들이 일정한 패턴으로 구분되어 습관으로 작동하는 '절차기억'이 있습니다. 이 절차기억으로 굳혀진 습관들이 우리가 기존에 갖고 있던 아이에 대한 선입견, 욱하는 성질, 남과 비교하면서 느끼는 박탈감 등이에요. 이런 습관들은 우리가 시도하는 새로운 도전을 버겁게 만들고 거기서 부정적 감정을 느끼게 해 결국 우리에게 포기할 것을 종용합니다. 그러니까 힘든 것이 당연하지요. 실제로 우리 두뇌는 합리화 기제가 잘 발달되어 있어 포기에 대한 이유라면 언제든지 그럴 듯하게 만들어내기도 합니다. 하지만 너무 겁먹을 필요는 없어요. 스몰액션을 꾸준히 실천하다 보면 작은 변화들이 쌓여 마침내 습관을 바꾸는 단계까지 나아가게 될 것입니다. 저 멀리의 고지 말고 내 눈앞의 계단을 보세요.

우리는 이미 심각하게 오염돼버린 환경 속에 살고 있기 때문에 주위에서 일상적 자극을 쉽게 접합니다. 사교육을 지향하고 아이 교육을 엄마가 주도하며 사교육을 받지 않는 우리 아이를 이상하게 바라보는 분위기가 그렇지요. 그러니 의식적으로 건강한 방식에 따른 작은 성취와 즐거움에 집중해야 우리의 마음을 지킬 수 있습니다. 더불어 주변환경도 건강한 이웃들로 정화한다면 보다 쉽게 우리의 목표를 향해 전진할 수 있을 것입니다.

가랑비에 옷 젖는 줄 모르는 것처럼

길 가는 사람을 붙잡아놓고 문제를 맞히면 초콜릿을 주겠다고 약속한 뒤에 문제를 풀게 하는 실험이 있습니다. 실험 참가자들은 모두 처음에는 초콜릿을 위해 문제를 풀지요. 그런데 문제를 다 푼 후에 이런 제안을 받습니다. “초콜릿을 받아갈 수도 있지만 받지 않으면 대신 이 문제의 정답을 알려주겠습니다. 무엇을 선택하겠습니까?” 이때 초콜릿 대신 정답을 택하는 사람이 적지 않았습니다. 외부적 동기로 시작했지만 일단 집중하기 시작하면서 내부적 동기에 대한 긍정적 감각이 생긴 것이지요.

아직도 불안한 마음으로 긴가민가하고 있다거나 여전히 아이 성적을 위해서라는 일념하에 자기주도학습인지 뭔지를 시작해보기로 한 경우도 스몰액션에 집중하다 보면 그 활동이 주는 건강한 효과를 통해 그동안 원한 것과는 다른 면들을 조금씩 느껴갈 수 있을 것이고, 그러한 경험들이 쌓이면 어느 순간 정말 중요한 가치에 자연스럽게 주목하는 사람으로 변할 수 있습니다. 포기하지 않으면 반드시 성공합니다.

이제 결론을 대신하여 지금껏 등장한 이야기들을 정리해보겠습니다. 벌써 이만큼이나 왔다는 것을 실감할 거예요.

사교육으로 망가진 한국의 가정들

"할아버지의 재력, 아빠의 무관심, 엄마의 정보력, 동생의 희생!" 자녀의 성공 조건이라며 요새 학부모들 사이에서 유행하는 말입니다. 공감이 되나요? 마지막까지 와서 저 문구에 공감하면 곤란한데요……. 찬찬히 살펴보면 이 말에는 아주 무서운 논리가 담겨 있습니다. 가족들이 각각 학원비를 대주고 학원 정보를 물어오고 관심과 애정을 나눌 시간을 빼앗기면서 결국 아이의 '사교육 뒷바라지'를 해야 한다는 이야기니까요. 가정의 역할이 철저하게 사교육 중심으로 구조화되어 있는 것이지요. 사교육 구매자로서의 부모와 소비자로서의 자녀만 남고 소통과 공감 같은 가족 본연의 기능과 의미는 사라져버린 겁니다. 부모 역할은 아이의 학원 스케줄을 잡고 성적을 관리해주는 매니저 역할로 변질·축소되어버렸지요.

가정이 사교육 중심으로 망가지자 아이들은 더 빠르게 망가져왔습니다. 사회는 개인의 이기적인 승리를 부추겼지요. 그 결과 우리 아이들은 옆자리 짝꿍이 물어보는 질문에도 대답해주지 않는 싸가지 없는 아이들로 변해버렸어요. 부모는 아이들에게 '네 자신을 위해' 공부하라 가르쳤고, 아이 또한 자기 공부를 위해 다른 가족들을 이용하거나 희생시키면서 살아온 게 사실입니다. 가정은 지금, 안락한 쉼터가 아니라 피 말리는 성적 경쟁의 선수대기실이 되어버렸습니다. 집 안에도 긴장감이 가득하니 아이는 물론 부모도 이제 어디에서도 안정을 취할 수 없게 돼버렸지요.

가정이 회복돼야 희망이 있습니다

경제적 부담, 경쟁으로 인한 고통 등 각 가정이 점수 경쟁을 벌이며 나타난 심각한 문제들은 부연하지 않아도 익히 알고 있을 겁니다. 지금은 수많은 가정이 이렇게 위기에 처해 있지만, 반대로 가정이 회복되면 산적한 문제들 역시 상당 부분 해결될 수 있습니다. 성적 경쟁 중심의 사교육을 지양하고 내 아이의 적성과 개성을 존중하는 방식으로 자기주도학습을 하게 되면 아이의 학습효율을 비롯하여 아이와 부모의 관계, 진로, 입시 등 연관된 문제들이 도미노처럼 해결되기 마련이지요. 성적 때문에 스스로 삶을 저버리는 아이들, 의미를 잃고 방황하는 아이들의 안타까운 문제도 해결될 것입니다.

이제는 지금까지 배운 지혜들을 통해 사교육 산업 세력의 무차별적 공격에서 가정을 지켜낼 수 있어야 합니다. 아이들을 점수 경쟁으로 내모는 유해환경들을 지금 당장 혁명적으로 개선시킬 수는 없지만 가정만큼은 회복시킬 수 있지 않겠습니까? 내가 가정 안에서 어떠한 역할을 해야 할 것인지, 자녀와 어떻게 소통해야 할 것인지 등에 대해 바른 이해를 갖고 잘못된 습관들을 건강하게 고쳐나가다 보면, 우리 아이들은 세상 속 온갖 장애물을 뚫고 건강하게 자라날 수 있어요. 결국 '우리 가정'의 화목과 협동이 최선이자 최고의 전략인 것입니다.

그러니 이제부터라도 아이의 말을 잘 들어주세요. 아이의 인격과 개성을 존중해주세요. 관계 회복이 안 된 상태에서는 그 어떤 시도도 무의미합니다. 서로 만나고 싶고 같이 있으면 즐겁고 대화가 통하는 관계가 되어야 진정한 협동이 가능해지겠지요. 일단 아이와의 관계가 회복되어 서로 공감할 수 있게 되고 서로가 협력자라는 믿음을 갖게 되면 그 이후 일은 순탄하게 풀릴 것이라는 희망을 가져도 좋습니다.

이제 부모님의 차례입니다

우리는 지금까지 가정을 바꾸어내기 위해 익혀야 할 사고방식과 실천방법들에 대해 살펴봤습니다. 앞서 스몰액션을 강조하면서 말씀드렸던 것처럼 건강한 가치관을 입는 것은 하루아침에 달성할 수 있는 목표가 아니에요. 수십 번씩 마음을 고쳐먹어도 여전히 실수하고 쉽게 옛날 버릇이 튀어나오지요.

여태 우리는 그저 돈으로 쉽게 해결되는 비책을 찾아 여기저기 유랑하였습니다. 이제 더 이상 그런 꼼수들에 의지해선 안 됩니다. 불안을 조장하는 옆집 아줌마들의 소문에 휘둘려도 안 됩니다. 적응하는 노력을 대체할 만한 비책을 제시하는 유혹은 전부 다 사기에 불과해요. 그들이 광고하는 성공 사례 뒤엔 수많은 학생들의 실패와 좌절이 감춰져 있다는 것을 절대 잊으면 안 됩니다.

모든 가정에 일률적으로 적용되는 특별한 비책은 존재할 수 없습니다. 그저 건강한 가치관에 기반을 둔 마음 습관을 연습하고 수많은 시행착오를 통해 우리 가정만의 스타일을 찾아야 합니다. 이를 꾸준히 훈련해서 완성해내는 수밖에 없지요. 그 대장정에서 우리는 지금 겨우 시작 단계에 와 있습니다. 당장은 돈에 의지하지 않고 스스로 자녀를 교육한다는 게 익숙지 않겠지만, 상술의 유혹들을 뿌리치면서 건강한 길에 정진하는 모습은 분명히 아이들에게 가장 강력한 귀감이자 희망이 될 것입니다. 이제는 우리가 솔선수범하여 아이들에게 희망을 보여줄 차례입니다. 정보력과 경제력을 통한 관리와 감독이 아닌, 사랑과 정성을 통한 공감과 지원으로써 말입니다.

공동체가 희망이다

건강한 가정을 가꾸어나가려면 개인의 노력만큼이나 협동과 소통이 중요합니다. 혼자서 의지의 힘으로 버티는 것만으로는 막강한 상황의 압력을 이겨내기에 역부족이기 때문입니다. 함께할 건강한 동료를 얻어야 합니다. 뜻을 함께하는 사람들이 온·오프라인에서 만나 서로를 격려하고 위로하며 구체적인 방법과 성과를 공유하다 보면 생각보다 크게 불안을 겪지 않을 수 있어요. 환경 자체가 긍정적 자극이 넘치는 곳으로 조정됐기 때문입니다.

오늘부터는 유해환경들을 최대한 멀리하고 건강한 자극을 주는 이웃들을 가까이 하세요. 지금 당장, 평상시에 나를 불안하게 만드는 말을 늘어놓던 아줌마들의 연락처들을 지워버리세요. 오염된 자극으로부터 가정을 보호하는 조처가 시급합니다. 더불어 '말이 통하는' 이웃 부모들과의 일상적 교류를 확장하세요. 손쉽게는 온라인 커뮤니티에서 찾아볼 수도 있고, 이 책을 나의 가장 친한 동료 부모들과 공유하면서 건강한 커뮤니티를 조성해볼 수도 있어요. 두뇌는 생각보다 단순해서 더 강한 자극, 더 많은 자극을 받는 쪽을 자신이 처한 '상황'으로 인식합니다. 이웃환경만 잘 조정해도 '상황의 압력'을 역으로 이용해볼 수 있는 것입니다.

우리 아이들에게도 좋은 환경을 만들어줄 필요가 있어요. 뜻이 통하는 동료 부모들의 자녀들과 어울려 놀도록 하는 방법도 있고, 혁신학교와 같은 선진화된 제도적 교육 생태계를 이용하는 방법도 있습니다. 특히 혁신학교 같은 공간에서 학생끼리, 학부모끼리 인연을 맺게 된다면 이 과정이 훨씬 수월할 테니 금상첨화겠지요. 이 소통과 협력이 여러분들을 대한민국의 험악한 교육 현실을 이겨낼 수 있는 '지속 가능한 힐링'을 제공해줄 겁니다. 그 힘으로 대한민국을 뒤덮은 사교육의 덫에서 과감히 빠져나오세요. 공동체가 우리의 새로운 희망입니다.

학부모에서 부모로

그동안 학부모로서 아이를 대하고 학부모의 역할만을 생각해왔을 것입니다. 이제 부모로 돌아오세요. 사교육 혼란 속에 놓쳐버렸던 부모 역할을 건강하게 되찾아야 아이도 행복과 성공에 가까워집니다.

우리는 이제 현실에 발을 단단히 딛고서 공부가 행복해지는 그날을 향해 걸어가야 합니다. 스몰액션으로 한 걸음씩 내딛으며 성공에 이르는 길을 갑시다. 그 작은 걸음걸음이 모여 그리 멀지 않은 미래에 여러분은 반드시 행복한 가정 안에서 아이를 훌륭하게 길러내는 부모가 되어 있을 겁니다. 그 뜨거운 모습을 상상하면서 이야기를 마칩니다.

이제, 부모로서 살겠습니다

전에는 아이가 책을 억지로 읽었는데, 지금은 거실에서 동생과 책 읽으며 시간 보내는 모습을 종종 봅니다. 앞으로 아이가 재미있어 하는 것을 통해 학습의 범위를 늘려가기만 하면 되니 마음이 너무나 편안합니다. 최대한 함께해서 좋은 교육 생태계 만들어가는 데 기여할게요.

– loveother 님

아이 공부에 대해 잘못 알고 있었던 사실부터 부모인 나의 감정문제, 주변 환경의 문제, 뇌에 맞는 학습법, 입시와 진로 로드맵까지. 이렇게 많은 것을 배운 큰 기회에 감사합니다. 우리 아이를 이해하는 시간을 가져서 정말 행복했습니다. 행복한 마음으로 실천하겠습니다.

– 날개 님

드림보드 만들기

거듭 얘기하지만 상상은 의지보다 강합니다. 선명하게 꿈꿀수록 꿈에 더 가까워지지요. 이를 위한 '드림보드'를 소개합니다. 방법은 아주 간단해요. 벽면에 커다란 보드를 준비해주세요. 그리고 아이가 이 판에 이루고 싶은 목표나 꿈에 관련된 사진, 문구 등을 자유롭게 붙여두도록 도와주는 겁니다. 어떤 친구는 이루고 싶은 직업에 대한 자료를 붙이고 어떤 친구는 편안하고 여유로운 분위기의 사진을 붙이겠지요. 물론 무슨 꿈을 품을지는 아이가 자유롭게 정할 수 있어야겠지요?

그리고 이와 동시에 그 꿈을 이루기 위해 거쳐야 하는 길, 마쳐야 할 과업, 정착시켜야 할 습관도 함께 붙입니다. 자신이 바라는 꿈을 성취하기 위해 이뤄나가야 할 작은 목표들인 셈이지요. 이런 것들을 한데 묶어놓으면 해야 할 일과 하고 싶은 일이 하나가 되어 서로 배타적으로 구분되지 않습니다. 더 이상 해야 할 일과 하고 싶은 일 사이에서 갈등하지 않게 되지요. 자기가 간절히 바라는 일을 이루는 과정으로써 해야 할 일을 하는 것이니까요.

아이들은 보통 해야 할 일에 파묻혀 살지만 늘 하고 싶은 일과 해야만 하는 숙제들 사이에서 갈등을 겪습니다. 하지만 하고 싶은 것을 정하고 그것을 이루기 위한 작은 도전들을 스스로 정하다 보면 긍정적인 마음으로 집중할 수 있게 됩니다.

한편 드림보드는 아이가 성장하면서 점점 구체화되거나 변동되어 아이 역사와 미래를 연결하는 훌륭한 매개체로 발전해나갈 것입니다. 나아가 가족 전부가 각자의 드림보드를 만드는 것도 좋습니다. 또 각자의 드림보드에 가족들이 전하고 싶은 말을 쪽지로 붙여 대화창으로 활용할 수도 있습니다. 특히 부모가 아이를 격려하고 위로하는 말을 적어 아이의 드림보드에 붙여놓는다면 아이에게 큰 힘이 되어줄 수 있겠지요? 혹은 짜증 섞인 잔소리를 쏟아내는 대신 드림보드를 통해 부드럽게 의사를 전달하는 것도 괜찮겠습니다.

가족회의 하기

소통이 부족한 우리 가족. 가족회의를 통해 정기적으로 소통의 장을 마련해보는 것은 어떨까요? 가족회의는 자녀를 동등한 가족 구성원으로서 존중하고 모두가 회의에서 정해진 대로 행동함으로써 부모의 월권을 막는 의미가 있습니다. 가족이 모두 모여 자기주도학습을 위해 협력을 다지는 계기도 됩니다. 그냥 평소처럼 이야기를 나누기보다 일정한 형식을 갖추고 회의를 해보면 아이들도 다르게 받아들일 것입니다. 아래 형식을 참고해서 우리 집 가족회의를 준비해보기 바랍니다. 우리 가정에 맞는 형식과 방법, 내용은 무엇일지 고민해보면 더 좋습니다.

처음에는 아이들이 의사 표시에 소극적일 거예요. 자기 의견이 받아들여질 것 같지 않거나 정답이 정해져 있지 않은 사안에 대해 자유롭게 이야기하는 것이 익숙지 않기 때문입니다. 부모가 아이들의 참여를 격려해주고 자녀들의 좋은 의견을 적극적으로 수렴해줄 필요가 있습니다.

1 단계

- 회의 시간 및 장소 정하기
- 회의 형식, 절차, 각자 역할 정하기

회의 주기는 자유롭게 정하되 회의의 흐름이 너무 오랫동안 끊어지지 않도록 주의하세요. 가족 구성원의 사정에 맞춰 일정, 회의 지속시간, 코너 등을 구성해보면 됩니다.

어떤 가정은 서로의 불만을 이야기해서 조정하는 시간을 정기적 코너로 정착시켰고, 휴가 계획 등을 결정하는 기능으로도 활용하고 있습니다. 가족회의에서 무엇을 다룰 것인지 또한 가족회의 내에서 지속적으로 다룰 수 있겠지요. 이렇게 형식에 얽매일 필요 없이 가족 구성원들이 원하는 방향을 민주적으로 결정하면 됩니다.

2 단계

- 자기주도학습에 대한 개념, 취지, 지향점 공유
- 우리 가정의 자기주도적 학습을 위한 핵심 가치(대원칙) 합의

회의를 하는 이유는 '자기주도학습을 통한 건강한 가정 문화'를 만들고 지키기 위해서지요. 그러니 먼저 이 주제로 가족 구성원들이 함께 이야기해보면 좋습니다. 그래야 '무조건 이기자!', '고득점만이 살 길이다!' 등으로 방향과 원칙이 엇나가지 않겠지요.

이 책에서 배운 자기주도학습의 개념, 취지, 지향점 그리고 이를 위한 건강한 가정의 역할 등에 대해 아이들에게 설명해주는 건 어떨까요? 아이들이 가족회의 목표와 취지를 충분히 이해하고 참여할 수 있도록 인도해주기 바랍니다.

3 단계

- 각자의 역할 정의(아빠, 엄마, 학생, 형제 등등)
- 각 역할에 따른 규칙 제정(초기에는 한두 개부터 시작)

예를 들어, 아빠의 역할이 무엇인지 가족들의 의견을 모아보고 이런 역할을 잘 수행하기 위해 아빠가 꼭 지켜야 하는 규칙들을 각각 한두 개씩 제안해보는 겁니다. 이렇게 나온 의견 중에서 만장일치로 합의되는 것들을 한두 개 정해서 다음번 가족회의까지 실천해보는 거지요. 만장일치 방식을 권하는 이유는, 한 사람이라도 납득하지 못한 사람이 있는 규칙은 건강하게 지속되기 어려우며 만장일

치를 위해 토론하는 과정 안에서 민주적 논의가 이어지게 되기 때문입니다. 그 속에서 아이들은 자기의 의견이 존중받고 있다는 사실과 우리 가족이 부모 중심의 독재가 아니라 민주적 원칙에 의거해 운영되고 있다는 사실을 느낄 수 있을 것입니다.

4 단계

- 공동 프로젝트 주제 및 형식 정하기
- 프로젝트 실천 계획 정하기

자기주도학습을 위해 가족 구성원들이 협동해서 하나의 주제를 탐구해보는 '공동 프로젝트'를 기획해보는 것도 재미있을 겁니다. 아이의 관심사를 넓고 깊게 만들어주는 활동을 가족 모두가 함께하는 겁니다. 먼저 충분한 시간과 정성을 들여서 관심사를 찾고 아이의 의견을 중심으로 구체적인 내용을 선정하고 진행해보세요.

특히 아이가 관심을 보이는 내용이 교과 외적인 부분이라고 해도 존중해주기 바랍니다. 아이가 도형에 관심이 있든, 지렁이에 관심이 있든, 아이가 주체가 되어 정해야 합니다. 부모는 자기의 욕심을 혼신의 힘을 다해 내려놓고 최대한 아이의 의사를 존중하는 방향으로 결정하세요. 어떤 주제든 교육적인 주제들로 다양하게 연결될 수 있으니 아이의 흥미를 지켜주기 바랍니다.

5 단계

- 가족 역할 수행에 대한 회의 및 규칙 조율
- 프로젝트 진행에 대한 회의 및 계획 조정

마지막 단계는 회의를 통해 정한 규칙이 잘 지켜지고 있는지, 불만은 없는지 자유롭게 이야기하고 이를 바탕으로 규칙을 추가하거나 수정하는 단계입니다. 예를 들어, 아빠에게 '술을 먹고 집에 들어와서 행패 부리지 않는다.'는 규칙이 있었는데, 아빠가 규칙을 어겨 놓고는 조금 떠든 것뿐이라고 할 수도 있지요. 이런 경우, 회의를 통해 행패의 내용에 대해 합의하거나 '행패 부린다'를 '떠든다'로 수정할 수도 있을 것입니다. 이런 식으로 회의를 거쳐나가다 보면 우리 가족에게 꼭 맞는 원칙을 세울 수 있을 것이고 이에 따라 가족의 민주적 분위기 또한 안정적으로 정착될 수 있을 것입니다.

처음부터 너무 화려한 가치, 많은 규칙, 세세한 일정에 욕심내지 않기를 당부합니다. 그렇게 욕심 부리다간 단 하나도 제대로 지키지 못하는 경우가 많아요. 초기에는 각 사람마다 규칙 한 개, 기껏해야 두 개 정도만 정해서 진행해보고, 여기에 적응해가며 하나씩 추가해나가는 게 좋습니다.